· LE VRAY ·

TARIF

CONTENANT

TOUTES SORTES

DE COMPTES

Pour la facilité de tous Marchands negotians à l'Aune, ou à autres Mesures & à divers Poids tant au Quintal qu'a la Livre, & la maniere de les faire.

DIVISÉ EN DEUX PARTIES.

Avec un Traité de Geometrie Pratique, faisant la troisieme Partie, contenant la maniere de Toiser & Arpenter.

Par CLAUDE NAULOT Marchand à Lyon.

A LYON,

Aux dépens de l'Auteur, & se vend chez luy à la Place des Terreaux à l'Enseigne du Sauvage.

M. DC. LXXXIV.

AVEC PRIVILEGE DU ROY.

AVIS
AU LECTEUR

PLuſieurs perſonnes m'ayant prié d'amplifier mon Ouvrage touchant les comptes faits, & de mettre le prix de la marchandiſe au haut de chaque feüillet, comme auſſi les fractions à la meſme page, pour la commodité du public, j'ay formé le deſſein de les ſatisfaire & de rendre cet Ouvrage parfait par l'inſtruction ſuivante avec toute la brieveté & l'eclarciſſement qui m'a été poſſible. L'on trouvera dans ce livre la facilité de faire toutes ſortes de comptes, tant pour les entiers que pour les rompus ou fractions de la marchandiſe, ſoit à l'aune, à la cane ou à autres meſures, à divers poids, tant au quintal qu'à la livre, & la maniere de les faire, je prie le

Lecteur de le recevoir avec la mesme satisfaction que j'ay eu moy mesme en y travaillant, croyant que je ne travaillois pas inutilement, mais comme c'est une chose tres-dificile de pouvoir agreer à tous, j'espere pourtant que ceux qui s'en voudront servir y trouveront leurs comptes faits, soit en faisant une simple addition, ou mesme sans mettre la main à la plume cherchant seulement le feüillet du prix convenu de la marchandise ou d'autre chose.

Extraict du Privilege du Roy.

PAr Grace & Privilege du Roy donné à Ver-
faille le 15. Novembre 1683. Signé Raince, &
fcellé du grand Sceau de cire Rouge, il est permis
à CLAUDE NAULOT Marchand à Lyon de faire
imprimer vendre & debiter autant de fois qu'il
luy plaira un Livre, en un ou en plusieurs volu-
mes & en feüilles particulieres, Intitulé le vray
Tarif par lequel on peut avec une grande facilité
faire toutes sortes de comptes, le prix estant au haut
de chaque page, soit à l'aune ou autres mesures à
divers poids tant au quintal qu'a le livre divisé
en deux parties, ensemble un traité de Geometrie
Pratique contenant la maniere de toiser & arpenter
faisant une troisiéme Partie, avec deffences tres
expresses à tous Imprimeurs, Libraires & autre
personne de quelque qualité & condition qu'ils
foient d'imprimer ou faire imprimer, contrefaire
ny debiter ledit Livre sans le consentement ex-
pres & par écrit du Sr. suppliant à peine de confisca-
tion des exemplaires & de trois mille livres da-
mande, & ce pendant l'espace de six années à
commencer du jour qu'il sera achevé d'imprimer,
ainsi qu'il est plus amplement contenu audit Privilege.

Regiftré sur le Livre de la Communauté des Libraires & Imprimeurs de Paris le 20. Octobre 683. suivant l'Arret du Parlement du 8. Avril 165. &
celuy du Conseil Privé du Roy du 27. Fevrier 1665.
Signé ANGOT Sindic.

Achevé d'imprimer pour la premiere fois le 13. Fevrier
1684.

Les Exemplaires ont esté fournis.

ã 2

Instruction de ce Tarif.

VOus obſerverez que le prix de la Marchandiſe eſt toûjours au haut de chaque feüillet.

Il y a deux colomnes à châque page, du nombre de la Marchandiſe, leſquelles commencent depuis 2. juſques à 400.

Que les fractions, ou rompus du nombre de la marchandiſe, ſont à la fin de chaque colomne.

Que le conte fait du nombre de la marchandiſe, tant des *entiers*, que des *fractions*, ſe trouve au bout de châque ligne, comme par exemple.

A 17.ſ.6.d. *la Marchandiſe*.

Combien valent 18. pour le ſçavoir voyez au feüillet à 17.ſ.6.d. & au bout de la ligne où eſt le nombre 18. vous y trouverez la valeur qui eſt 15. l. 15. ſ.

A 5. l. 14. ſ. *l'Ecu d'Or*.

Combien valent 37. voyez le feüillet à 5.l.14.ſ. & au bout de la ligne 37. vous y trouverez la valeur qui eſt 210.l.18.ſ.

A 8. deniers *la Marchandiſe*.

Combien valent 35.-- pour le ſçavoir voyez le feüillet à 8. deniers & à la ligne

où eſt 35. vous y trouverez la valeur qui
eſt 1.l. 3.ſ. 4.deniers.

A 10.d. la livre.

Combien valent 24.livres, pour le ſçavoir voyez le feüiller à 10.deniers,& à la
ligne 24.vous y trouverez au bout d'icelle la valeur qui eſt 20.ſ.

Mais ſi au lieu de 24.il y avoit 424.l.
ayant déja fait pour 24. vous ferez pour
400.& au même feüillet au bout de la ligne 400. — vous y trouverez la valeur
qui eſt 16.l. 13.ſ.4. d. & y ajoûtant la valeur de 24.qui eſt 1.l. vous trouverez que
les dites 424. à 10. deniers valent 17.l
13.ſ.4.d.

Notez qu'à raiſon de 10. deniers la
marchandiſe, le quintal ou le cent, vaut
4.l.3.ſ.4.d.comme vous voyez audit feüillet à 10.d. à la fin du nombre 100.

A 3.ſ. 6.d. la livre de viande.

Combien valent 33. livres ? voyez le
feüiller à 3.ſ. 6.deniers, vous y trouverez
au bout de la ligne 33. la valeur qui
eſt 5.l. 15.ſ.6.d.

Si au lieu de 33. livres il y avoit 433.
livres, vous ferez pour 400. & au bout
de la ligne 400. vous y trouverez la valeur qui eſt 70. livres.— ſ. & y ajoûtant
la valeur de 33. livres qui eſt 5.l. 15.ſ.6.d,

vous trouverez que lesdites 433. livres de viande à 3. f. 6. deniers la livre, valent 75. l. 15. f. 6. d.

A 15. l. 17. f. 6. d. *la Marchandise.*

Combien valent 35. voyez en premier lieu le feüiller à 15. l. seules & au bout de la ligne où est 35. vous y trouverez la valeur qui est 525. l. & pour les 17. f. 6. d. voyez le feüillet à 17. f. 6. d. vous y trouverez au bout de la ligne 35. la valeur qui est 30. l. 12. f. 6. d. Ces deux parties jointes ensemble, le tout montera 555. l. 12. f. 6. d.

A 9. l. 15. f. *la Marchandise.*

Combien valent 4 aunes 2. tiers ? voyez pour 4. aunes le feüiller à 9. l. 15. f. vous y trouverez la valeur qui est 39. l.

Pour les 2. tiers voyez à la Fraction des 2. *tiers* vous y trouverez la valeur qui est 6. l. 10. f. Ces deux parties jointes ensemble valent 45. l. 10. f.

A 58. f. *la Cane de 8. pans.*

Combien valent 6. pans ? voyez le feüiller à 58. f. & au bout de la Fraction 6. *huitiémes ou des 3. quars,* vous y trouverez la valeur, qui est 2. l. 3. f. 6. d.

Quand vous acheterez un grand nombre de Canes, & qu'il y aura des pans, avec les canes, vous prendrez au nom-

bre des Fractions du prix de la chofe,
comme.
Pour 1. pan *le huitiéme.*
Pour 2. pans *le quart.*
Pour 4. pans *le demi.*
Pour 6. pans *les 3.quarts.*

A 31. l. *le Marc d'Argent fin.*

Combien reviendra l'once, voyez le feüillet à 31.l. vous y trouverez au bout de la ligne 1. *huitiéme*, la valeur qui eft 3.l.17.f.6.d.

Le Conte du poids de Marc de 8.onces, & de la cane de 8. pans fe fait tout de méme, tant pour les entiers que pour les fractions, fuivant le prix de la chofe.

A 10.l.10.f. *la livre du poids de 15.onces.*

Combien reviendra l'once? voyez au feüillet à 10.l.10.f. vous y trouverez à la Fractió 1. *quinziéme*, la valeur, qui eft 14 f.

Quand vous acheterez des foyes au poids de marc de 15.onces, & qu'il y aura des onces avec des livres entieres, vous prendrez au nombre des fractions du prix de la chofe, comme
pour 1. once *le quinziéme.*
Pour 2. onces & demy, *le fixiéme.*
Pour 5. onces, *le tiers.*
Pour 10. onces *les 2.tiers.*

A 11.l.10.f.la livre du poids de 16.onces.

Combien reviendra l'once, voyez le feüiller à 11.l.10.f.vous y trouverez à la fraction, 1. *seiziéme*, la valeur qui est 14.f.4.d.que reviendra l'once.

Quand vous achererez des marchandises au poids de 16.onces, & qu'il y aura des onces avec des livres entieres, vous prendrez au nombre des fractions dans le feüillet du prix de la chose, comme

Pour 1. once, *le seiziéme*.

Pour 2.onces *le huitiéme*.

Pour 4.onces *le quart*.

Pour 8. onces *le demi*.

Pour 12. onces *les 3.quarts*.

A 15 l.10.f.la douzaine.

Combien la piece ? voyez au feüillet à 15.l.10.f. vous y trouverez à la fraction 1. *douziéme*, la valeur, qui est 25.f.10.d. que reviendra la piece.

Quand vous achererez des marchandises à la douzaine, & qu'il y aura des rompus, c'est à dire, moins que de la douzaine, vous prendrez au nombre des fractions du prix de la chose, comme,

Pour 1. ou une, *le douziéme*.

Pour 2. *le sixiéme*.

Pour 3. *le quart*.

Pour 6. *le demi*.

Pour 8. les 2. tiers.
Pour 9. les 3. quarts.

Notez que les Marchandises qui se vendent à tant la grosse, le conte se fait tout de même que celui-cy. Et quand vous sçaurez le prix de la douzaine, vous pourrez sçavoir facilement le prix de la piece faisans comme dessus.

A 4. l. 3. s. 4. d. le quintal, ou le cent.

Combien la livre? Pour le sçavoir, cherchez dans le livre depuis le commencement jusques à ce que vous ayez trouvé au juste 4. l. 3. s. 4. d. au bout de la ligne du nombre 100. les ayant trouvez, voyez au haut du feüillet, vous y trouverez la valeur qui est à 10. deniers que reviendra la livre.

Le prix de la livre étant trouvé, vous ferez vôtre conte bien aysement dans le même feüillet du prix de la chose de tant de quintaux & de livres qu'il y aura, suivant que l'occasion se presentera, comme il a été fait cy-devant, pour 424. livres pesant, à 10. deniers la livre.

A 10. livres 10. sols la toise.

Combien 36. voyez le feüillet à 10. l. 10. s. vous y trouverez la valeur qui est 378. livres.

Notez que de tous les prix qui sont

au haut de chaque feüillet de ce livre,
vous n'y rencontrerez pas ceux que l'on
peut avoir affaire comme par exemple.

A 68. l. *la Marchandiſe.*

Combien valent 39. pour le ſçavoir
voyez en premier lieu le feüillet à 60. l.
& au bout de la ligne où eſt le nombre 39. vous y trouverez la valeur qui
eſt 2340. l. & pour les 8. livres reſtant
voyez auſſi le feüillet à 8. livres, vous
y trouverez au bout de la ligne où eſt 39.
la valeur qui eſt 312. l. ces deux parties
eſtant jointes enſemble le tout montera 2652. l.

Autrement.

Prenez la moitié de 68. qui eſt 34. &
voyez le feüillet à 34. l. vous y trouverez au bout de la ligne où eſt le nombre 39. la valeur qui eſt 1326. l. leſquelles eſtant doublées le tout montera comme deſſus 2652. livres.

Ainſi de tout autre prix ou du nombre
de la marchandiſe vous le ferez en divers
temps quand vous ne les y trouverez
pas tout d'un coup dans ce livre d'autant
que dans un petit Volume comme celuy-
cy, l'on ne peut s'eſtendre.

A ½ Denier la Marchandise.

2 valent	—	1 d	31 valent	— l	1 ſ	3
3 valent	—	1 d	32 valent	— l	1 ſ	4
4 valent	—	2 d	33 valent	— l	1 ſ	4
5 valent	—	2 d	34 valent	— l	1 ſ	5
6 valent	—	3 d	35 valent	— l	1 ſ	5
7 valent	—	3 d	36 valent	— l	1 ſ	6
8 valent	—	4 d	37 valent	— l	1 ſ	6
9 valent	—	4 d	38 valent	— l	1 ſ	7
10 valent	—	5 d	39 valent	— l	1 ſ	7
11 valent	—	5 d	40 valent	— l	1 ſ	8
12 valent	—	6 d	41 valent	— l	1 ſ	8
13 valent	—	6 d	42 valent	— l	1 ſ	9
14 valent	—	7 d	43 valent	— l	1 ſ	9
15 valent	—	7 d	44 valent	— l	1 ſ	10
16 valent	—	8 d	45 valent	— l	1 ſ	10
17 valent	—	8 d	46 valent	— l	1 ſ	11
18 valent	—	9 d	47 valent	— l	1 ſ	11
19 valent	—	9 d	48 valent	— l	2 ſ	—
20 valent	—	10 d	49 valent	— l	2 ſ	—
21 valent	—	10 d	50 valent	— l	2 ſ	1
22 valent	—	11 d	60 valent	— l	2 ſ	6
23 valent	—	11 d	70 valent	— l	2 ſ	11
24 valent	1 ſ	—	80 valent	— l	3 ſ	4
25 valent	1 ſ	—	90 valent	— l	3 ſ	9
26 valent	1 ſ	1 d	100 valent	— l	4 ſ	2
27 valent	1 ſ	1 d	200 valent	— l	8 ſ	4
28 valent	1 ſ	2 d	300 valent	— l	12 ſ	6
29 valent	1 ſ	2 d	400 valent	— l	16 ſ	8
30 valent	1 ſ	3 d	500 valent	1 l	— ſ	10

A 1. *Denier* la Marchandiſe.

	ſ	d
2 valent	—	2 d
3 valent	—	3 d
4 valent	—	4 d
5 valent	—	5 d
6 valent	—	6 d
7 valent	—	7 d
8 valent	—	8 d
9 valent	—	9 d
10 valent	—	10 d
11 valent	—	11 d
12 valent	1 ſ	—
13 valent	1 ſ	1 d
14 valent	1 ſ	2 d
15 valent	1 ſ	3 d
16 valent	1 ſ	4 d
17 valent	1 ſ	5 d
18 valent	1 ſ	6 d
19 valent	1 ſ	7 d
20 valent	1 ſ	8 d
21 valent	1 ſ	9 d
22 valent	1 ſ	10 d
23 valent	1 ſ	11 d
24 valent	2 ſ	—
25 valent	2 ſ	1 d
26 valent	2 ſ	2 d
27 valent	2 ſ	3 d
28 valent	2 ſ	4 d
29 valent	2 ſ	5 d
30 valent	2 ſ	6 d

	l	ſ	d
31 valent	— l	2 ſ	7
32 valent	— l	2 ſ	8
33 valent	— l	2 ſ	9
34 valent	— l	2 ſ	10
35 valent	— l	2 ſ	11
36 valent	— l	3 ſ	—
37 valent	— l	3 ſ	1
38 valent	— l	3 ſ	2
39 valent	— l	3 ſ	3
40 valent	— l	3 ſ	4
41 valent	— l	3 ſ	5
42 valent	— l	3 ſ	6
43 valent	— l	3 ſ	7
44 valent	— l	3 ſ	8
45 valent	— l	3 ſ	9
46 valent	— l	3 ſ	10
47 valent	— l	3 ſ	11
48 valent	— l	4 ſ	—
49 valent	— l	4 ſ	1
50 valent	— l	4 ſ	2
60 valent	— l	5 ſ	—
70 valent	— l	5 ſ	10
80 valent	— l	6 ſ	8
90 valent	— l	7 ſ	6
100 valent	— l	8 ſ	4
200 valent	— l	16 ſ	8
300 valent	1 l	5 ſ	—
400 valent	1 l	13 ſ	4
500 valent	2 l	1 ſ	8

A° 2. Deniers la Marchandiſe.

Nombre	ſ	d
2 valent —	—	4 d
3 valent —	—	6 d
4 valent —	—	8 d
5 valent —	—	10 d
6 valent	1 ſ	—
7 valent	1 ſ	2 d
8 valent	1 ſ	4 d
9 valent	1 ſ	6 d
10 valent	1 ſ	8 d
11 valent	1 ſ	10 d
12 valent	2 ſ	—
13 valent	2 ſ	2 d
14 valent	2 ſ	4 d
15 valent	2 ſ	6 d
16 valent	2 ſ	8 d
17 valent	2 ſ	10 d
18 valent	3 ſ	—
19 valent	3 ſ	2 d
20 valent	3 ſ	4 d
21 valent	3 ſ	6 d
22 valent	3 ſ	8 d
23 valent	3 ſ	10 d
24 valent	4 ſ	—
25 valent	4 ſ	2 d
26 valent	4 ſ	4 d
27 valent	4 ſ	6 d
28 valent	4 ſ	8 d
29 valent	4 ſ	10 d
30 valent	5 ſ	—

Nombre	l	ſ	(d)
31 valent —	l	5 ſ	2
32 valent —	l	5 ſ	4
33 valent —	l	5 ſ	6
34 valent —	l	5 ſ	8
35 valent —	l	5 ſ	10
36 valent —	l	6 ſ	—
37 valent —	l	6 ſ	2
38 valent —	l	6 ſ	4
39 valent —	l	6 ſ	6
40 valent —	l	6 ſ	8
41 valent —	l	6 ſ	10
42 valent —	l	7 ſ	—
43 valent —	l	7 ſ	2
44 valent —	l	7 ſ	4
45 valent —	l	7 ſ	6
46 valent —	l	7 ſ	8
50 valent —	l	8 ſ	4
60 valent —	l	10 ſ	—
70 valent —	l	11 ſ	8
80 valent —	l	13 ſ	4
90 valent —	l	15 ſ	—
100 valent —	l	16 ſ	8
200 valent	1 l	13 ſ	4
300 valent	2 l	10 ſ	—
400 valent	3 l	6 ſ	8
500 valent	4 l	3 ſ	4
3 quars valẽt —	l —	ſ	1
le demy vaut —	l —	ſ	1
2 tiers valẽt —	l —	ſ	1

A 3. Deniers la Marchandiſe.

	ſ	d
2 valent	—	6 d
3 valent	—	9 d
4 valent	1 ſ	— d
5 valent	1 ſ	3 d
6 valent	1 ſ	6 d
7 valent	1 ſ	9 d
8 valent	2 ſ	—
9 valent	2 ſ	3 d
10 valent	2 ſ	6 d
11 valent	2 ſ	9 d
12 valent	3 ſ	—
13 valent	3 ſ	3 d
14 valent	3 ſ	6 d
15 valent	3 ſ	9 d
16 valent	4 ſ	—
17 valent	4 ſ	3 d
18 valent	4 ſ	6 d
19 valent	4 ſ	9 d
20 valent	5 ſ	—
21 valent	5 ſ	3 d
22 valent	5 ſ	6 d
23 valent	5 ſ	9 d
24 valent	6 ſ	—
25 valent	6 ſ	3 d
26 valent	6 ſ	6 d
27 valent	6 ſ	9 d
28 valent	7 ſ	—
29 valent	7 ſ	3 d
30 valent	7 ſ	6 d

	l	ſ	d
31 valent	—	7 ſ	9
32 valent	—	8 ſ	—
33 valent	—	8 ſ	3
34 valent	—	8 ſ	6
35 valent	—	8 ſ	9
36 valent	—	9 ſ	—
37 valent	—	9 ſ	3
38 valent	—	9 ſ	6
39 valent	—	9 ſ	9
40 valent	—	10 ſ	—
41 valent	—	10 ſ	3
42 valent	—	10 ſ	6
43 valent	—	10 ſ	9
44 valent	—	11 ſ	—
45 valent	—	11 ſ	3
50 valent	—	12 ſ	6
60 valent	—	15 ſ	—
70 valent	—	17 ſ	6
80 valent	1 l	— ſ	—
90 valent	1 l	2 ſ	6
100 valent	1 l	5 ſ	—
200 valent	2 l	10 ſ	—
300 valent	3 l	15 ſ	—
400 valent	5 l	— ſ	—
500 valent	6 l	5 ſ	—
3. quars valẽt	— l	— ſ	2
le demy vaut	— l	— ſ	1
2. Tiers val.	— l	— ſ	2
le Tier vaut	— l	— ſ	1

A 4. Deniers la Marchandise.

2 valent	—	8 d		31 valent	—	10 ſ	4
3 valent	1 ſ	—		32 valent	—	10 ſ	8
4 valent	1 ſ	4 d		33 valent	—	11 ſ	—
5 valent	1 ſ	8 d		34 valent	—	11 ſ	4
6 valent	2 ſ	—		35 valent	—	11 ſ	8
7 valent	2 ſ	4 d		36 valent	—	12 ſ	—
8 valent	2 ſ	8 d		37 valent	—	12 ſ	4
9 valent	3 ſ	—		38 valent	—	12 ſ	8
10 valent	3 ſ	4 d		39 valent	—	13 ſ	—
11 valent	3 ſ	8 d		40 valent	—	13 ſ	4
12 valent	4 ſ	—		41 valent	—	13 ſ	8
13 valent	4 ſ	4 d		42 valent	—	14 ſ	—
14 valent	4 ſ	8 d		43 valent	—	14 ſ	4
15 valent	5 ſ	—		44 valent	—	14 ſ	8
16 valent	5 ſ	4 d		50 valent	—	16 ſ	8
17 valent	5 ſ	8 d		60 valent	1 l	— ſ	—
18 valent	6 ſ	—		70 valent	1 l	3 ſ	4
19 valent	6 ſ	4 d		80 valent	1 l	6 ſ	8
20 valent	6 ſ	8 d		90 valent	1 l	10 ſ	—
21 valent	7 ſ	—		100 valent	1 l	13 ſ	4
22 valent	7 ſ	4 d		200 valent	3 l	6 ſ	8
23 valent	7 ſ	8 d		300 valent	5 l	— ſ	—
24 valent	8 ſ	—		400 valent	6 l	13 ſ	4
25 valent	8 ſ	4 d		500 valent	8 l	6 ſ	8
26 valent	8 ſ	8 d		3. quars valẽt	— l	— ſ	3
27 valent	9 ſ	—		le demy vaut	— l	— ſ	2
28 valent	9 ſ	4 d		le quart vaut	— l	— ſ	1
29 valent	9 ſ	8 d		2. Tiers valẽt	— l	— ſ	2
30 valent	10 ſ	—		le tier vaut	— l	— ſ	1

Quantité	l	ſ	d
2 valent	—	—	10 d
3 valent		1 ſ	3 d
4 valent		1 ſ	8 d
5 valent		2 ſ	1 d
6 valent		2 ſ	6 d
7 valent		2 ſ	11 d
8 valent		3 ſ	4 d
9 valent		3 ſ	9 d
10 valent		4 ſ	2 d
11 valent		4 ſ	7 d
12 valent		5 ſ	— d
13 valent		5 ſ	5 d
14 valent		5 ſ	10 d
15 valent		6 ſ	3 d
16 valent		6 ſ	8 d
17 valent		7 ſ	1 d
18 valent		7 ſ	6 d
19 valent		7 ſ	11 d
20 valent		8 ſ	4 d
21 valent		8 ſ	9 d
22 valent		9 ſ	2 d
23 valent		9 ſ	7 d
24 valent		10 ſ	— d
25 valent		10 ſ	5 d
26 valent		10 ſ	10 d
27 valent		11 ſ	3 d
28 valent		11 ſ	8 d
29 valent		12 ſ	1 d
30 valent		12 ſ	6 d

Quantité	l	ſ	d
31 valent	—	12 ſ	11
32 valent	—	13 ſ	4
33 valent	—	13 ſ	9
34 valent	—	14 ſ	2
35 valent	—	14 ſ	7
36 valent	—	15 ſ	—
37 valent	—	15 ſ	5
38 valent	—	15 ſ	10
39 valent	—	16 ſ	3
40 valent	—	16 ſ	8
41 valent	—	17 ſ	1
42 valent	—	17 ſ	6
43 valent	—	17 ſ	11
44 valent	—	18 ſ	4
50 valent	1 l	— ſ	10
60 valent	1 l	5 ſ	—
70 valent	1 l	9 ſ	2
80 valent	1 l	13 ſ	4
90 valent	1 l	17 ſ	6
100 valent	2 l	1 ſ	8
200 valent	4 l	3 ſ	4
300 valent	6 l	5 ſ	—
400 valent	8 l	6 ſ	8
500 valent	10 l	8 ſ	4
3. quarts val.	— l	— ſ	3.
le demy vaut	— l	— ſ	2
le quart vaut	— l	— ſ	1
2. tiers val.	— l	— ſ	3.
le tier vaut	— l	— ſ	1

A 6. Deniers la Marchandiſe.

2 valent 1 ſ —	31 valent — 15 ſ 6
3 valent 1 ſ 6 d	32 valent — 16 ſ —
4 valent 2 ſ —	33 valent — 16 ſ 6
5 valent 2 ſ 6 d	34 valent — 17 ſ —
6 valent 3 ſ —	35 valent — 17 ſ 6
7 valent 3 ſ 6 d	36 valent — 18 ſ —
8 valent 4 ſ —	37 valent — 18 ſ 6
9 valent 4 ſ 6 d	38 valent — 19 ſ —
10 valent 5 ſ —	39 valent — 19 ſ 6
11 valent 5 ſ 6 d	40 valent 1 l — ſ
12 valent 6 ſ —	41 valent 1 l — ſ 6
13 valent 6 ſ 6 d	42 valent 1 l 1 ſ
14 valent 7 ſ —	43 valent 1 l 1 ſ 6
15 valent 7 ſ 6 d	50 valent 1 l 5 ſ
16 valent 8 ſ —	60 valent 1 l 10 ſ —
17 valent 8 ſ 6 d	70 valent 1 l 15 ſ —
18 valent 9 ſ —	80 valent 2 l — ſ —
19 valent 9 ſ 6 d	90 valent 2 l 5 ſ —
20 valent 10 ſ —	100 valent 2 l 10 ſ —
21 valent 10 ſ 6 d	200 valent 5 l — ſ —
22 valent 11 ſ —	300 valent 7 l 10 ſ —
23 valent 11 ſ 6 d	400 valent 10 l — ſ —
24 valent 12 ſ —	500 valent 12 l 10 ſ —
25 valent 12 ſ 6 d	3. quarts val. — l — ſ 4
26 valent 13 ſ —	le demy vaut — l — ſ 3
27 valent 13 ſ 6 d	le quart vaut — l — ſ 1
28 valent 14 ſ —	2. tiers val. — l — ſ 4
29 valent 14 ſ 6 d	le tier vaut — l — ſ 2
30 valent 15 ſ —	le ſixième v. — l — ſ 1

2 valent	1 ſ	2 d	31 valent	—	18 ſ	1
3 valent	1 ſ	9 d	32 valent	—	18 ſ	8
4 valent	2 ſ	4 d	33 valent	—	19 ſ	3
5 valent	2 ſ	11 d	34 valent	— 1	19 ſ	10
6 valent	3 ſ	6 d	35 valent	1 l	— ſ	5
7 valent	4 ſ	1 d	36 valent	1 l	1 ſ	—
8 valent	4 ſ	8 d	37 valent	1 l	1 ſ	7
9 valent	5 ſ	3 d	38 valent	1 l	2 ſ	2
10 valent	5 ſ	10 d	39 valent	1 l	2 ſ	9
11 valent	6 ſ	5 d	40 valent	1 l	3 ſ	4
12 valent	7 ſ	— d	41 valent	1 l	3 ſ	11
13 valent	7 ſ	7 d	42 valent	1 l	4 ſ	6
14 valent	8 ſ	2 d	43 valent	1 l	5 ſ	1
15 valent	8 ſ	9 d	50 valent	1 l	9 ſ	2
16 valent	9 ſ	4 d	60 valent	1 l	15 ſ	—
17 valent	9 ſ	11 d	70 valent	2 l	— ſ	10
18 valent	10 ſ	6 d	80 valent	2 l	6 ſ	8
19 valent	11 ſ	1 d	90 valent	2 l	12 ſ	6
20 valent	11 ſ	8 d	100 valent	2 l	18 ſ	4
21 valent	12 ſ	3 d	200 valent	5 l	16 ſ	8
22 valent	12 ſ	10 d	300 valent	8 l	15 ſ	—
23 valent	13 ſ	5 d	400 valent	11 l	13 ſ	4
24 valent	14 ſ	— d	500 valent	14 l	11 ſ	8
25 valent	14 ſ	7 d	3. quarts val.	— l	— ſ	5
26 valent	15 ſ	2 d	le demy vaut	— l	— ſ	3
27 valent	15 ſ	9 d	le quart val.	— l	— ſ	1
28 valent	16 ſ	4 d	2. tiers val.	— l	— ſ	4
29 valent	16 ſ	11 d	le tier vaut	— l	— ſ	2
30 valent	17 ſ	6 d	le ſixième v.	— l	— ſ	1

A °8. *Deniers la Marchandiſe.*

2 valent 1 ſ 4 d	31 valent, 1 l — ſ 8
3 valent 2 ſ — d	32 valent 1 l 1 ſ 4
4 valent 2 ſ 8	33 valent 1 l 2 ſ —
5 valent 3 ſ 4 d	34 valent 1 l 2 ſ 8
6 valent 4 ſ — d	35 valent 1 l 3 ſ 4
7 valent 4 ſ 8	36 valent 1 l 4 ſ —
8 valent 5 ſ 4 d	37 valent 1 l 4 ſ 8
9 valent 6 ſ — d	38 valent 1 l 5 ſ 4
10 valent 6 ſ 8	39 valent 1 l 6 ſ —
11 valent 7 ſ 4 d	40 valent 1 l 6 ſ 8
12 valent 8 ſ — d	41 valent 1 l 7 ſ 4
13 valent 8 ſ 8	42 valent 1 l 8 ſ —
14 valent 9 ſ 4 d	50 valent 1 l 13 ſ 4
15 valent 10 ſ — d	60 valent 2 l — ſ —
16 valent 10 ſ 8	70 valent 2 l 6 ſ 8
17 valent 11 ſ 4 d	80 valent 2 l 13 ſ 4
18 valent 12 ſ — d	90 valent 3 l — ſ —
19 valent 12 ſ 8	100 valent 3 l 6 ſ 8
20 valent 13 ſ 4 d	200 valent 6 l 13 ſ 4
21 valent 14 ſ — d	300 valent 10 l — ſ
22 valent 14 ſ 8	400 valent 13 l 6 ſ 8
23 valent 15 ſ 4 d	500 valent 16 l 13 ſ 4
24 valent 16 ſ — d	3. quars val. — l — ſ 6
25 valent 16 ſ 8	le demy vaut — l — ſ 4
26 valent 17 ſ 4 d	le quart val. — l — ſ 2
27 valent 18 ſ — d	le huitiéme v. — l — ſ 1
18 valent 18 ſ 8	2. tiers val. — l — ſ ſ
19 valent 19 ſ 4 d	le tier vaut — l — ſ 2
30 val. 1 l — ſ — d	le ſixiéme v. — l — ſ 2

A 9. Deniers la Marchandise.

	l	ſ	d		l	ſ	d
2 valent		1 ſ	6 d	31 val.	1 l	3 ſ	3
3 valent		2 ſ	3 d	32 val.	1 l	4 ſ	—
4 valent		3 ſ	—	33 val.	1 l	4 ſ	9
5 valent		3 ſ	9 d	34 val.	1 l	5 ſ	6
6 valent		4 ſ	6 d	35 val.	1 l	6 ſ	3
7 valent		5 ſ	3 d	36 val.	1 l	7 ſ	—
8 valent		6 ſ	—	37 val.	1 l	7 ſ	9
9 valent		6 ſ	9 d	38 val.	1 l	8 ſ	6
10 valent		7 ſ	6 d	39 val.	1 l	9 ſ	3
11 valent		8 ſ	3 d	40 val.	1 l	10 ſ	—
12 valent		9 ſ	—	41 val.	1 l	10 ſ	9
13 valent		9 ſ	9 d	42 val.	1 l	11 ſ	6
14 valent		10 ſ	6 d	50 val.	1 l	17 ſ	6
15 valent		11 ſ	3 d	60 val.	2 l	5 ſ	—
16 valent		12 ſ	—	70 val.	2 l	12 ſ	6
17 valent		12 ſ	9 d	80 val.	3 l	— ſ	—
18 valent		13 ſ	6 d	90 val.	3 l	7 ſ	6
19 valent		14 ſ	3 d	100 val.	3 l	15 ſ	—
20 valent		15 ſ	—	200 val.	7 l	10 ſ	—
21 valent		15 ſ	9 d	300 val.	11 l	5 ſ	—
22 valent		16 ſ	6 d	400 val.	15 l	— ſ	—
23 valent		17 ſ	3 d	500 val.	18 l	15 ſ	—
24 valent		18 ſ	—	3. quarts v. —	l	— ſ	6
25 valent		18 ſ	9 d	le demy vaut	l	— ſ	4
26 valent		19 ſ	6 d	le quart val.	l	— ſ	2
27 valent	1 l	— ſ	3 d	le huitiéme v.	l	— ſ	1
28 valent	1 l	1 ſ	—	2. tiers valent	l	— ſ	6
29 valent	1 l	1 ſ	9 d	le tiers vaut —	l	— ſ	3
30 valent	1 l	2 ſ	6 d	le sixiéme val.	l	— ſ	1

À 10. Deniers la Marchandiſe.

2 valent	1 ſ	8 d		31 val.	1 l	5 ſ	10	
3 valent	2 ſ	6 d		32 val.	1 l	6 ſ	8	
4 valent	3 ſ	4 d		33 val.	1 l	7 ſ	6	
5 valent	4 ſ	2 d		34 val.	1 l	8 ſ	4	
6 valent	5 ſ	—		35 val.	1 l	9 ſ	2	
7 valent	5 ſ	10 d		36 val.	1 l	10 ſ	—	
8 valent	6 ſ	8 d		37 val.	1 l	10 ſ	10	
9 valent	7 ſ	6 d		38 val.	1 l	11 ſ	8	
10 valent	8 ſ	4 d		39 val.	1 l	12 ſ	6	
11 valent	9 ſ	2 d		40 val.	1 l	13 ſ	4	
12 valent	10 ſ	—		41 val.	1 l	14 ſ	2	
13 valent	10 ſ	10 d		42 val.	1 l	15 ſ	—	
14 valent	11 ſ	8 d		50 val.	2 l	1 ſ	8	
15 valent	12 ſ	6 d		60 val.	2 l	10 ſ	—	
16 valent	13 ſ	4 d		70 val.	2 l	18 ſ	4	
17 valent	14 ſ	2 d		80 val.	3 l	6 ſ	8	
18 valent	15 ſ	—		90 val.	3 l	15 ſ	—	
19 valent	15 ſ	10 d		100 val.	4 l	3 ſ		
20 valent	16 ſ	8 d		200 val.	8 l	6 ſ	8	
21 valent	17 ſ	6 d		300 val.	12 l	10 ſ	—	
22 valent	18 ſ	4 d		400 val.	16 l	13 ſ	4	
23 valent	19 ſ	2 d		500 val.	20 l	16 ſ	8	
24 valent	1 l — ſ	—		3 quarts v.	— l	— ſ	7	
25 valent	1 l — ſ	10 d		le demy v.	— l	— ſ	5	
26 valent	1 l 1 ſ	8 d		le quart v.	— l	— ſ	2	
27 valent	1 l 2 ſ	6 d		3. huit v.	— l	— ſ	1	
28 valent	1 l 3 ſ	4 d		2. tiers v.	— l	— ſ	6	
29 valent	1 l 4 ſ	2 d		le tier v.	— l	— ſ	3	
30 valent	1 l 5 ſ	—		le ſixiéme	— l	— ſ	1	

A 11. *Deniers* la Marchandise.

	l	ſ	d
2 valent		1	10
3 valent		2	9
4 valent		3	8
5 valent		4	7
6 valent		5	6
7 valent		6	5
8 valent		7	4
9 valent		8	3
10 valent		9	2
11 valent		10	1
12 valent		11	—
13 valent		11	11
14 valent		12	10
15 valent		13	9
16 valent		14	8
17 valent		15	7
18 valent		16	6
19 valent		17	5
20 valent		18	4
21 valent		19	3
22 valent	1	—	2
23 valent	1	1	1
24 valent	1	2	—
25 valent	1	2	11
26 valent	1	3	10
27 valent	1	4	9
28 valent	1	5	8
29 valent	1	6	7
30 valent	1	7	6

	l	ſ	d
31 val.	1	8	5
32 val.	1	9	4
33 val.	1	10	3
34 val.	1	11	2
35 val.	1	12	1
36 val.	1	13	—
37 val.	1	13	11
38 val.	1	14	10
39 val.	1	15	9
40 val.	1	16	8
41 val.	1	17	7
42 val.	1	18	6
50 val.	2	5	10
60 val.	2	15	—
70 val.	3	4	2
80 val.	3	13	4
90 val.	4	2	6
100 val.	4	11	8
200 val.	9	3	4
300 val.	13	15	—
400 val.	18	6	8
500 val.	22	18	4
3. quarts v.	—	—	8
le demy v.	—	—	5
le quart v.	—	—	2
le huitième	—	—	1
2. tiers val.	—	—	7
le tiers vaut	—	—	3
le sixième	—	—	1

		l	∫	d
2	valent		2	6
3	valent		3	9
4	valent		5	—
5	valent		6	3
6	valent		7	6
7	valent		8	9
8	valent		10	—
9	valent		11	3
10	valent		12	6
11	valent		13	9
12	valent		15	—
13	valent		16	3
14	valent		17	6
15	valent		18	9
16	valent	1	—	—
17	valent	1	1	3
18	valent	1	2	6
19	valent	1	3	9
20	valent	1	5	—
21	valent	1	6	3
22	valent	1	7	6
23	valent	1	8	9
24	valent	1	10	—
25	valent	1	11	3
26	valent	1	12	6
27	valent	1	13	9
28	valent	1	15	—
29	valent	1	16	3
30	valent	1	17	6

	l	∫	d
31	1	18	9
32	2	—	—
33	2	1	3
34	2	2	6
35	2	3	9
36	2	5	—
37	2	6	3
38	2	7	6
39	2	8	9
40	2	10	—
50	3	2	6
60	3	15	—
70	4	7	6
80	5	—	—
90	5	12	6
100	6	5	—
200	12	10	—
300	18	15	—
400	25	—	—
3. quarts	1	—	11
le demi	1	—	7
le quart	1	—	3
le 8.me	1	—	1
le 16.me	1	—	
2. tiers	1	—	10
le tier	1	—	5
le 6 me	1	—	2
le 12.me	1	—	1
la 15.me	1	—	1

A 1 ſ. 6. Deniers la Marchandiſe.

Quantité	l	ſ	d
2 valent	—	3	—
3 valent	—	4	6
4 valent	—	6	—
5 valent	—	7	6
6 valent	—	9	—
7 valent	—	10	6
8 valent	—	12	—
9 valent	—	13	6
10 valent	—	15	—
11 valent	—	16	6
12 valent	—	18	—
13 valent	—	19	6
14 valent	1	1	—
15 valent	1	1	6
16 valent	1	4	—
17 valent	1	5	6
18 valent	1	7	—
19 valent	1	8	6
20 valent	1	10	—
21 valent	1	11	6
22 valent	1	13	—
23 valent	1	14	6
24 valent	1	16	—
25 valent	1	17	6
26 valent	1	19	—
27 valent	2	—	6
28 valent	2	2	—
29 valent	2	3	6
30 valent	2	5	—
31	2	6	6
32	2	8	—
33	2	9	6
34	2	11	—
35	2	12	6
36	2	14	—
37	2	15	6
38	2	17	—
39	2	18	6
40	3	—	—
50	3	15	—
60	4	10	—
70	5	5	—
80	6	—	—
90	6	15	—
100	7	10	—
200	15	—	—
300	22	10	—
400	30	—	—
3. quarts	—	1	1
le demi	—	—	9
le quart	—	—	4
le 8.me	—	—	2
le 16.me	—	—	1
2. tiers val.	—	1	—
le tier vaut	—	—	6
le 6.me vaut	—	—	3
le 12.me	—	—	1
le 15.me	—	—	1

À 1 ſ. 9. Deniers la Marchandiſe.

Quantité	l	ſ	d
2 valent	—	3	6
3 valent	—	5	3
4 valent	—	7	—
5 valent	—	8	9
6 valent	—	10	6
7 valent	—	12	3
8 valent	—	14	—
9 valent	—	15	9
10 valent	—	17	6
11 valent	—	19	3
12 valent	1	1	—
13 valent	1	2	9
14 valent	1	4	6
15 valent	1	6	3
16 valent	1	8	—
17 valent	1	9	9
18 valent	1	11	6
19 valent	1	13	3
20 valent	1	15	—
21 valent	1	16	9
22 valent	1	18	6
23 valent	2	—	3
24 valent	2	2	—
25 valent	2	3	9
26 valent	2	5	6
27 valent	2	7	3
28 valent	2	9	—
29 valent	2	10	9
30 valent	2	11	6

Quantité	l	ſ	d
31	2	14	3
32	2	16	—
33	2	17	9
34	2	19	6
35	3	1	3
36	3	3	—
37	3	4	9
38	3	6	6
39	3	8	3
40	3	10	—
50	4	7	6
60	5	5	—
70	6	2	6
80	7	—	—
90	7	17	6
100	8	15	—
200	17	10	—
300	26	5	—
400	35	—	—
3. quarts	—	1	3
le demi	—	—	10
le quart	—	—	5
le 8me.	—	—	2
le 16me.	—	—	1
2. tiers	—	1	2
le tier	—	—	7
le 6me.	—	—	3
le 12me.	—	—	1
le 15.me	—	—	1

C **

A 2. ſols la Marchandiſe.

Qté		l		ſ		d
2 valent			4	ſ		d
3 valent			6	ſ		d
4 valent			8	ſ		d
5 valent			10	ſ		d
6 valent			12	ſ		d
7 valent			14	ſ		d
8 valent			16	ſ		d
9 valent			18	ſ		d
10 valent	1	l	—	ſ		d
11 valent	1	l	2	ſ		d
12 valent	1	l	4	ſ		d
13 valent	1	l	6	ſ		d
14 valent	1	l	8	ſ		d
15 valent	1	l	10	ſ		d
16 valent	1	l	12	ſ		d
17 valent	1	l	14	ſ		d
18 valent	1	l	16	ſ		d
19 valent	1	l	18	ſ		d
20 valent	2	l	—	ſ		d
21 valent	2	l	2	ſ		d
22 valent	2	l	4	ſ		d
23 valent	2	l	6	ſ		d
24 valent	2	l	8	ſ		d
25 valent	2	l	10	ſ		d
26 valent	2	l	12	ſ		d
27 valent	2	l	14	ſ		d
28 valent	2	l	16	ſ		d
29 valent	2	l	18	ſ		d
30 valent	3	l	—	ſ		d

N	l		ſ		d
31	3	l	2	ſ	
32	3	l	4	ſ	
33	3	l	6	ſ	
34	3	l	8	ſ	
35	3	l	10	ſ	
36	3	l	12	ſ	
37	3	l	14	ſ	
38	3	l	16	ſ	
39	3	l	18	ſ	
40	4	l	—	ſ	
50	5	l	—	ſ	
60	6	l	—	ſ	
70	7	l	—	ſ	
80	8	l	—	ſ	
90	9	l	—	ſ	
100	10	l	—	ſ	
200	20	l	—	ſ	
300	30	l	—	ſ	
400	40	l	—	ſ	
3. quarts		l	1	ſ	6
le demi		l	1	ſ	—
le quart		l	—	ſ	6
le 8.me		l	—	ſ	3
le 16.me		l	—	ſ	1
2. tiers		l	1	ſ	4
le tiers		l	—	ſ	8
le 6me.		l	—	ſ	4
le 12.		l	—	ſ	1
le 15.me		l	—	ſ	1

A 2 ſ. 3. Deniers la Marchandiſe.

	l	ſ	d		l	ſ	d
2 valent		4	6	31	3	9	9
3 valent		6	9	32	3	12	—
4 valent		9	—	33	3	14	3
5 valent		11	3	34	3	16	6
6 valent		13	6	35	3	18	9
7 valent		15	9	36	4	1	—
8 valent		18	—	37	4	3	3
9 valent	1	—	3	38	4	5	6
10 valent	1	2	6	39	4	7	9
11 valent	1	4	9	40	4	10	—
12 valent	1	7	—	50	5	12	6
13 valent	1	9	3	60	6	15	—
14 valent	1	11	6	70	7	17	6
15 valent	1	13	9	80	9	—	—
16 valent	1	16	—	90	10	2	6
17 valent	1	18	3	100	11	5	—
18 valent	2	—	6	200	22	10	—
19 valent	2	2	9	300	33	15	—
20 valent	2	5	—	400	45	—	—
21 valent	2	7	3	3. quarts		1	7
22 valent	2	9	6	le demi		1	1
23 valent	2	11	9	le quart		—	6
24 valent	2	14	—	le 8me.		—	3
25 valent	2	16	3	le 16me.		—	1
26 valent	2	18	6	2. tiers		1	6
27 valent	3	—	9	le tier		—	9
28 valent	3	3	—	le 6me.		—	4
29 valent	3	5	3	le 12me.		—	2
30 valent	3	7	6	le 15me		—	1

C ***

A 2 ſ. 6. Deniers la Marchandiſe.

Quantité	Valeur	Quantité	Valeur
2 valent	5 ſ —	31	3 l 17 ſ 6
3 valent	7 ſ 6 d	32	4 l — ſ —
4 valent	10 ſ —	33	4 l 2 ſ 6
5 valent	12 ſ 6 d	34	4 l 5 ſ —
6 valent	15 ſ —	35	4 l 7 ſ 6
7 valent	17 ſ 6 d	36	4 l 10 ſ —
8 valent	1 l — ſ —	37	4 l 12 ſ 6
9 valent	1 l 2 ſ 6 d	38	4 l 15 ſ —
10 valent	1 l 5 ſ —	39	4 l 17 ſ 6
11 valent	1 l 7 ſ 6 d	40	5 l — ſ —
12 valent	1 l 10 ſ —	50	6 l — ſ —
13 valent	1 l 12 ſ 6 d	60	7 l 10 ſ —
14 valent	1 l 15 ſ —	70	8 l 15 ſ —
15 valent	1 l 17 ſ 6 d	80	10 l — ſ —
16 valent	2 l — ſ —	90	11 l 5 ſ —
17 valent	2 l 2 ſ 6 d	100	12 l 10 ſ —
18 valent	2 l 5 ſ —	200	25 l — ſ —
19 valent	2 l 7 ſ 6 d	300	37 l 10 ſ —
20 valent	2 l 10 ſ —	400	50 l — ſ —
21 valent	2 l 12 ſ 6 d	3. quarts	l 1 ſ 10
22 valent	2 l 15 ſ —	le demi	l 1 ſ 3
23 valent	2 l 17 ſ 6 d	le quart	l — ſ 7
24 valent	3 l — ſ —	le 8me.	l — ſ 3
25 valent	3 l 2 ſ 6 d	le 16me.	l — ſ 1
26 valent	3 l 5 ſ —	2. tiers	l 1 ſ 8
27 valent	3 l 7 ſ 6 d	le tier	l — ſ 10
28 valent	3 l 10 ſ —	le 6ue.	l — ſ 5
29 valent	3 l 12 ſ 6 d	le 12me.	l — ſ 2
30 valent	3 l 15 ſ —	le 15.me	l — ſ 2

A 2 ſ. 9 Deniers la Marchandiſe

	l	ſ	d		l	ſ	d
2 valent	—	5	6	31	4	5	3
3 valent	—	8	3	32	4	8	—
4 valent	—	11	—	33	4	10	9
5 valent	—	13	9	34	4	13	6
6 valent	—	16	6	35	4	16	3
7 valent	—	19	3	36	4	19	—
8 valent	1	2	—	37	5	1	9
9 valent	1	4	9	38	5	4	6
10 valent	1	7	6	39	5	7	3
11 valent	1	10	3	40	5	10	—
12 valent	1	13	—	50	6	17	6
13 valent	1	15	9	60	8	5	—
14 valent	1	18	6	70	9	12	6
15 valent	2	1	3	80	11	—	—
16 valent	2	4	—	90	12	7	6
17 valent	2	6	9	100	13	15	—
18 valent	2	9	6	200	27	10	—
19 valent	2	12	3	300	41	5	—
20 valent	2	15	—	400	55	—	—
21 valent	2	17	9	3. quarts	—	2	—
22 valent	3	—	6	le demi	—	1	4
23 valent	3	3	3	le quart	—	—	8
24 valent	3	6	—	le 8me.	—	—	4
25 valent	3	8	9	le 16me.	—	—	2
26 valent	3	11	6	2. Tiers	—	1	10
27 valent	3	14	3	le Tier	—	—	11
28 valent	3	17	—	le 6me.	—	—	5
29 valent	3	19	9	le 12.me	—	—	3
30 valent	4	2	6	le 15.me	—	—	[illegible]

A 3. ſols a Machandiſe.

	livres (l)	ſols (ſ)	d
2 valent		6	d
3 valent		9	d
4 valent		12	d
5 valent		15	d
6 valent		18	d
7 valent	1	1	d
8 valent	1	4	d
9 valent	1	7	d
10 valent	1	10	d
11 valent	1	13	d
12 valent	1	16	d
13 valent	1	19	d
14 valent	2	2	d
15 valent	2	5	d
16 valent	2	8	d
17 valent	2	11	d
18 valent	2	14	d
19 valent	2	17	d
20 valent	3	—	d
21 valent	3	3	d
22 valent	3	6	d
23 valent	3	9	d
24 valent	3	12	d
25 valent	3	15	d
26 valent	3	18	d
27 valent	4	1	d
28 valent	4	4	d
29 valent	4	7	d
30 valent	4	10	d

	livres (l)	ſols (ſ)
31	4	13
32	4	16
33	4	19
34	5	2
35	5	5
36	5	8
37	5	11
38	5	14
39	5	17
40	6	—
50	7	10
60	9	—
70	10	10
80	12	—
90	13	10
100	15	—
200	30	—
300	45	—
400	60	—

	l	ſ	d
3. quars		2	3
le demi		1	6
le quart		—	9
le 8me.		—	4
le 16me.		—	2
2. tiers		2	—
le tier		1	—
le 6me.		—	6
le 12me.		—	3
le 15me.		—	2

A 3.f. 3. Deniers la Marchandise.

	l	f	d		l	f	d
2 valent	—	6	6	31	5	—	9
3 valent	—	9	9	32	5	4	—
4 valent	—	13	—	33	5	7	3
5 valent	—	16	3	34	5	10	6
6 valent	—	19	6	35	5	13	9
7 valent	1	2	9	36	5	17	—
8 valent	1	6	—	37	6	—	3
9 valent	1	9	3	38	6	3	6
10 valent	1	12	6	39	6	6	9
11 valent	1	15	9	40	6	10	—
12 valent	1	19	—	50	8	2	6
13 valent	2	2	3	60	9	15	—
14 valent	2	5	6	70	11	7	6
15 valent	2	8	9	80	13	—	—
16 valent	2	12	—	90	14	12	6
17 valent	2	15	3	100	16	5	—
18 valent	2	18	6	200	32	10	—
19 valent	3	1	9	300	48	15	—
20 valent	3	5	—	400	65	—	—
21 valent	3	8	3	3. quars	—	2	4
22 valent	3	11	6	le demi	—	1	7
23 valent	3	14	9	le quart	—	—	9
24 valent	3	18	—	le 8me.	—	—	4
25 valent	4	1	3	le 16me.	—	—	2
26 valent	4	4	6	2. Tiers	—	2	2
27 valent	4	7	9	le tier	—	1	1
28 valent	4	11	—	le 6me.	—	—	6
29 valent	4	14	3	le 12me.	—	—	3
30 valent	4	17	6	le 15.me	—	—	2

A 3. ſ. 6. *Deniers* la Marchandiſe.

2 valent		7 ſ	— d	31	5 l	8 ſ	6
3 valent		10 ſ	6 d	32	5 l	12 ſ	—
4 valent		14 ſ	— d	33	5 l	15 ſ	6
5 valent		17 ſ	6 d	34	5 l	19 ſ	—
6 valent	1 l	1 ſ	— d	35	6 l	2 ſ	6
7 valent	1 l	4 ſ	6 d	36	6 l	6 ſ	—
8 valent	1 l	8 ſ	— d	37	6 l	9 ſ	6
9 valent	1 l	11 ſ	6 d	38	6 l	13 ſ	—
10 valent	1 l	15 ſ	— d	39	6 l	16 ſ	6
11 valent	1 l	18 ſ	6 d	40	7 l	— ſ	—
12 valent	2 l	2 ſ	— d	50	8 l	15 ſ	—
13 valent	2 l	5 ſ	6 d	60	10 l	10 ſ	—
14 valent	2 l	9 ſ	— d	70	12 l	5 ſ	—
15 valent	2 l	12 ſ	6 d	80	14 l	— ſ	—
16 valent	2 l	16 ſ	— d	90	15 l	15 ſ	—
17 valent	2 l	19 ſ	6 d	100	17 l	10 ſ	—
18 valent	3 l	3 ſ	— d	200	35 l	— ſ	—
19 valent	3 l	6 ſ	6 d	300	52 l	10 ſ	—
20 valent	3 l	10 ſ	— d	400	70 l	— ſ	—
21 valent	3 l	13 ſ	6 d	*3. quars*	l	2 ſ	7
22 valent	3 l	17 ſ	— d	*le demi*	l	1 ſ	9
23 valent	4 l	— ſ	6 d	*le quart*	l	— ſ	10
24 valent	4 l	4 ſ	— d	*le* 8me.	l	— ſ	5
25 valent	4 l	7 ſ	6 d	*le* 6me.	l	— ſ	2
26 valent	4 l	11 ſ	— d	*2. tiers*	l	2 ſ	4
27 valent	4 l	14 ſ	6 d	*le tier*	l	1 ſ	2
28 valent	4 l	18 ſ	— d	*le* 6me.	l	—	7
29 valent	5 l	1 ſ	6 d	*le* 12me.	l	— ſ	3
30 val. 1. l	5 l	5 ſ	— d.	*le* 15.me	ſ	— ſ	2

A 3 ſ. 9 Deniers la Marchandiſe.

	l	ſ	d			l	ſ	d
2 valent		7	6	31	5	16	3
3 valent		11	3	32	6	—	—
4 valent		15	—	33	6	3	9
5 valent		18	9	34	6	7	6
6 valent	1	2	6	35	6	11	3
7 valent	1	6	3	36	6	15	—
8 valent	1	10	—	37	6	18	9
9 valent	1	13	9	38	7	2	6
10 valent	1	17	6	39	7	6	3
11 valent	2	1	3	40	7	10	—
12 valent	2	5	—	50	9	7	6
13 valent	2	8	9	60	11	5	—
14 valent	2	12	6	70	13	2	6
15 valent	2	16	3	80	15	—	—
16 valent	3	—	—	90	16	17	6
17 valent	3	3	9	100	18	15	—
18 valent	3	7	6	200	37	10	—
19 valent	3	11	3	300	56	5	—
20 valent	3	15	—	400	75	—	—
21 valent	3	18	9	3. quars		2	9
22 valent	4	2	6	le demi		1	10
23 valent	4	6	3	le quart		—	11
24 valent	4	10	—	le 8me.		—	5
25 valent	4	13	9	le 16me.		—	3
26 valent	4	17	6	2. tiers		2	6
27 valent	5	1	3	le tier		1	3
28 valent	5	5	—	le 6me.		—	7
29 valent	5	8	9	le 12me.		—	3
30 valent	5	12	6	le 15.me		—	3

A 4. sols la Marchandise

Quantité	l	s	d
2 valent		8	d
3 valent		12	d
4 valent		16	d
5 valent	1	—	d
6 valent	1	4	d
7 valent	1	8	d
8 valent	1	12	d
9 valent	1	16	d
10 valent	2	—	d
11 valent	2	4	d
12 valent	2	8	d
13 valent	2	12	d
14 valent	2	16	d
15 valent	3	—	d
16 valent	3	4	d
17 valent	3	8	d
18 valent	3	12	d
19 valent	3	16	d
20 valent	4	—	d
21 valent	4	4	d
22 valent	4	8	d
23 valent	4	12	d
24 valent	4	16	d
25 valent	5	—	d
26 valent	5	4	d
27 valent	5	8	d
28 valent	5	12	d
29 valent	5	16	d
30 valent	6	—	d

Quantité	l	s	d
31	6	4	
32	6	8	
33	6	12	
34	6	16	
35	7	—	
36	7	4	
37	7	8	
38	7	12	
39	7	16	
40	8	—	
50	10	—	
60	12	—	
70	14	—	
80	16	—	
90	18	—	
100	20	—	
200	40	—	
300	60	—	
400	80	—	
3. quars		3	
le demi		2	
le quart		1	
le 8me.		—	6
le 16me.		—	3
2. tiers		2	8
le tier		1	4
le 6me.		—	8
le 12me.		—	4
le 15.me		—	[illegible]

A° 4.ſ. 3.Deniers la Marchandiſe.

2 valent	—	8ſ	6d	31	6l	11ſ	9
3 valent	—	11ſ	9d	32	6l	16ſ	—
4 valent	—	17ſ	—d	33	7l	—ſ	3
5 valent	1l	1ſ	3d	34	7l	4ſ	6
6 valent	1l	5ſ	6d	35	7l	8ſ	9
7 valent	1l	9ſ	9d	36	7l	13ſ	—
8 valent	1l	14ſ	—d	37	7l	17ſ	3
9 valent	1l	18ſ	3d	38	8l	1ſ	6
10 valent	2l	2ſ	6d	39	8l	5ſ	9
11 valent	2l	6ſ	9d	40	8l	10ſ	—
12 valent	2l	11ſ	—d	50	10l	12ſ	6
13 valent	2l	15ſ	3d	60	12l	15ſ	—
14 valent	2l	19ſ	6d	70	14l	17ſ	6
15 valent	3l	3ſ	9d	80	17l	—ſ	—
16 valent	3l	8ſ	—d	90	19l	2ſ	6
17 valent	3l	12ſ	3d	100	21l	5ſ	—
18 valent	3l	16ſ	6d	200	42l	10ſ	—
19 valent	4l	—ſ	9d	300	63l	15ſ	—
20 valent	4l	5ſ	—d	400	85l	—ſ	—
21 valent	4l	9ſ	3d	3. quarts	1	3ſ	1
22 valent	4l	13ſ	6d	le demi	1	2ſ	1
23 valent	4l	17ſ	9d	le quart	1	1ſ	—
24 valent	5l	2ſ	—d	le 8.me	1	—ſ	6
25 valent	5l	6ſ	3d	le 16.me	1	—ſ	3
26 valent	5l	10ſ	6d	2.tiers	1	2ſ	:10
27 valent	5l	14ſ	9d	le tier	1	1ſ	5
28 valent	5l	19ſ	—d	le 6.me	1	—ſ	8
29 valent	6l	3ſ	3d	le 12.me	1	—ſ	4
30 valent	6l	7ſ	6d	le 15.me	1	—ſ	3

D

A 4 f 6. Deniers la Marchandise.

2 valent	—	9 f	— d	31	6 l	19 f		6
3 valent	—	13 f	6 d	32	7 l	4 f	—	
4 valent	—	18 f	— d	33	7 l	8 f		6
5 valent	1 l	2 f	6 d	34	7 l	13 f	—	
6 valent	1 l	7 f	— d	35	7 l	17 f		6
7 valent	1 l	11 f	6 d	36	8 l	2 f	—	
8 valent	1 l	16 f	— d	37	8 l	6 f		6
9 valent	2 l	— f	6 d	38	8 l	11 f	—	
10 valent	2 l	5 f	— d	39	8 l	15 f		6
11 valent	2 l	9 f	6 d	40	9 l	— f	—	
12 valent	2 l	14 f	— d	50	11 l	5 f	—	
13 valent	2 l	18 f	6 d	60	13 l	10 f	—	
14 valent	3 l	3 f	— d	70	15 l	15 f	—	
15 valent	3 l	7 f	6 d	80	18 l	— f	—	
16 valent	3 l	12 f	— d	90	20 l	5 f	—	
17 valent	3 l	16 f	6 d	100	22 l	10 f	—	
18 valent	4 l	1 f	— d	200	45 l	— f	—	
19 valent	4 l	5 f	6 d	300	67 l	10 f	—	
20 valent	4 l	10 f	— d	400	90 l	— f	—	
21 valent	4 l	14 f	6 d	3 quarts	1	3 f		4
22 valent	4 l	19 f	— d	le demi	1	2 f		3
23 valent	5 l	3 f	6 d	le quart	1	1 f		1
24 valent	5 l	8 f	— d	le 8me.	1	— f		6
25 valent	5 l	12 f	6 d	le 16me.	1	— f		3
26 valent	5 l	17 f	— d	2 tiers	1	3 f	—	
27 valent	6 l	1 f	6 d	le tier	1	1 f		6
28 valent	6 l	6 f	— d	le 6me.	1	— f		9
29 valent	6 l	10 f	6 d	le 12.me.	1	— f		4
30 valent	6 l	15 f	— d	le 15.me	1	— f		3

A° 4 ſ. 9. *Deniers* la Marchandiſe.

	l	ſ	d		l	ſ	
2 valent	—	9	6	31	7	7	3
3 valent	—	14	3	32	7	12	—
4 valent	—	19	—	33	7	16	9
5 valent	1	3	9	34	8	1	6
6 valent	1	8	6	35	8	6	3
7 valent	1	13	3	36	8	11	—
8 valent	1	18	—	37	8	15	9
9 valent	2	2	9	38	9	—	6
10 valent	2	7	6	39	9	5	3
11 valent	2	12	3	40	9	10	—
12 valent	2	17	—	50	11	17	6
13 valent	3	1	9	60	14	5	—
14 valent	3	6	6	70	16	12	6
15 valent	3	11	3	80	19	—	—
16 valent	3	16	—	90	21	7	6
17 valent	4	—	9	100	23	15	—
18 valent	4	5	6	200	47	10	—
19 valent	4	10	3	300	71	5	—
20 valent	4	15	—	400	95	—	—
21 valent	4	19	9	3. *quarts*	1	3	6
22 valent	5	4	6	*le demi*	1	2	4
23 valent	5	9	3	*le quart*	1	1	2
24 valent	5	14	—	*le* 8.me	1	—	7
25 valent	5	18	9	*le* 16.n	1	—	3
26 valent	6	3	6	2. *tiers*	1	3	2
27 valent	6	8	3	*le tier.*	1	1	7
28 valent	6	13	—	*le* 6.me	1	—	9
29 valent	6	17	9	*le* 12.me	1	—	4
30 valent	7	2	6	*le* 15.me	1	—	3

D **.

2 valent — 10 ſ	d	31	7 l 15 ſ		
3 valent — 15 ſ	d	32	8 l — ſ		
4 valent 1 l — ſ	d	33	8 l 5 ſ		
5 valent 1 l 5 ſ	d	34	8 l 10 ſ		
6 valent 1 l 10 ſ		35	8 l 15 ſ		
7 valent 1 l 15 ſ	d	36	9 l — ſ		
8 valent 2 l — ſ	d	37	9 l 5 ſ		
9 valent 2 l 5 ſ	d	38	9 l 10 ſ		
10 valent 2 l 10 ſ	d	39	9 l 15 ſ		
11 valent 2 l 15 ſ	d	40	10 l — ſ		
12 valent 3 l — ſ	d	50	12 l 10 ſ		
13 valent 3 l 5 ſ	d	60	15 l — ſ		
14 valent 3 l 10 ſ	d	70	17 l 10 ſ		
15 valent 3 l 15 ſ	d	80	20 l — ſ		
16 valent 4 l — ſ	d	90	22 l 10 ſ		
17 valent 4 l 5 ſ	d	100	25 l — ſ		
18 valent 4 l 10 ſ	d	200	50 l — ſ		
19 valent 4 l 15 ſ	d	300	75 l — ſ		
20 valent 5 l — ſ	d	400	100 l — ſ		
21 valent 5 l 5 ſ	d	3 quarts	1 3 ſ	9	
22 valent 5 l 10 ſ	d	le demi	1 2 ſ	6	
23 valent 5 l 15 ſ	d	le quart	1 1 ſ	3	
24 valent 6 l — ſ	d	le 8.me	1 — ſ	7	
25 valent 6 l 5 ſ	d	le 16.me	1 — ſ	3	
26 valent 6 l 10 ſ	d	2 tiers	1 3 ſ	4	
27 valent 6 l 15 ſ	d	le tier	1 1 ſ	8	
28 valent 7 l — ſ	d	le 6.me	1 — ſ	10	
29 valent 7 l 5 ſ	d	le 12.me	1 — ſ	5	
30 valent 7 l 10 ſ	d	le 15.me	1 — ſ	4	

A° 5. ſ. 3. Deniers la Marchandiſe.

Nombre	l	ſ	d
2 valent	—	10	6
3 valent	—	15	9
4 valent	1	1	—
5 valent	1	6	3
6 valent	1	11	6
7 valent	1	16	9
8 valent	2	2	—
9 valent	2	7	3
10 valent	2	12	6
11 valent	2	17	9
12 valent	3	3	—
13 valent	3	8	3
14 valent	3	13	6
15 valent	3	18	9
16 valent	4	4	—
17 valent	4	9	3
18 valent	4	14	6
19 valent	4	19	9
20 valent	5	5	—
21 valent	5	10	3
22 valent	5	15	6
23 valent	6	—	9
24 valent	6	6	—
25 valent	6	11	3
26 valent	6	16	6
27 valent	7	1	9
28 valent	7	7	—
29 valent	7	12	3
30 valent	7	17	6

Nombre	l	ſ	d
31	8	2	9
32	8	8	—
33	8	13	3
34	8	18	6
35	9	3	9
36	9	9	—
37	9	14	3
38	9	19	6
39	10	4	9
40	10	10	—
50	13	2	6
60	15	15	—
70	18	7	6
80	21	—	—
90	23	12	6
100	26	5	—
200	52	10	—
300	78	15	—
400	105	—	—
3 quarts	—	3	10
le demi	—	2	7
le quart	—	1	3
le 8me.	—	—	7
le 16me.	—	—	3
2. tiers	—	3	6
le tier	—	1	9
le 6me.	—	—	10
le 12me.	—	—	5
le 15me.	—	—	4

A 5 ſ. 6. Deniers la Marchandiſe.

	l	ſ	d		l	ſ	d
2 valent	—	11 ſ	—	31	8 l	10 ſ	6
3 valent	—	16 ſ	6 d	32	8 l	16 ſ	—
4 valent	1 l	2 ſ	—	33	9 l	1 ſ	6
5 valent	1 l	7 ſ	6 d	34	9 l	7 ſ	—
6 valent	1 l	13 ſ	—	35	9 l	12 ſ	6
7 valent	1 l	18 ſ	6 d	36	9 l	18 ſ	—
8 valent	2 l	4 ſ	—	37	10 l	3 ſ	6
9 valent	2 l	9 ſ	6 d	38	10 l	9 ſ	—
10 valent	2 l	15 ſ	—	39	10 l	14 ſ	6
11 valent	3 l	— ſ	6 d	40	11 l	— ſ	—
12 valent	3 l	6 ſ	—	50	13 l	15 ſ	—
13 valent	3 l	11 ſ	6 d	60	16 l	10 ſ	—
14 valent	3 l	17 ſ	—	70	19 l	5 ſ	—
15 valent	4 l	2 ſ	6 d	80	22 l	— ſ	—
16 valent	4 l	8 ſ	—	90	24 l	15 ſ	—
17 valent	4 l	13 ſ	6 d	100	27 l	10 ſ	—
18 valent	4 l	19 ſ	—	200	55 l	— ſ	—
19 valent	5 l	4 ſ	6 d	300	82 l	10 ſ	—
20 valent	5 l	10 ſ	—	400	110 l	— ſ	—
21 valent	5 l	15 ſ	6 d	3. quarts	l	4 ſ	1
22 valent	6 l	1 ſ	—	le demi	l	2 ſ	9
23 valent	6 l	8 ſ	6 d	le quart	l	1 ſ	4
24 valent	6 l	12 ſ	—	le 8me.	l	— ſ	8
25 valent	6 l	17 ſ	6 d	le 16me.	l	— ſ	4
26 valent	7 l	3 ſ	—	2. tiers	l	3 ſ	8
27 valent	7 l	8 ſ	6 d	le tier	l	1 ſ	10
28 valent	7 l	14 ſ	—	le 6me.	l	— ſ	11
29 valent	7 l	19 ſ	6 d	le 12me.	l	— ſ	5
30 valent	8 l	5 ſ	—	le 15.me	l	— ſ	4

A 5 ſ. 9 Deniers la Marchandiſe

		l	ſ	d			l	ſ	d
2 valent	—		11 ſ	6 d	31		8 l	18 ſ	3
3 valent	—		17 ſ	3 d	32		9 l	4 ſ	—
4 valent	1 l	3 ſ	— d		33		9 l	9 ſ	9
5 valent	1 l	8 ſ	9 d		34		9 l	15 ſ	6
6 valent	1 l	14 ſ	6 d		35		10 l	1 ſ	3
7 valent	2 l	— ſ	3 d		36		10 l	7 ſ	—
8 valent	2 l	6 ſ	—		37		10 l	12 ſ	9
9 valent	2 l	11 ſ	9 d		38		10 l	18 ſ	6
10 valent	2 l	17 ſ	6 d		39		11 l	4 ſ	3
11 valent	3 l	3 ſ	3 d		40		11 l	10 ſ	—
12 valent	3 l	9 ſ	—		50		14 l	7 ſ	6
13 valent	3 l	14 ſ	9 d		60		17 l	5 ſ	—
14 valent	4 l	— ſ	6 d		70		20 l	2 ſ	6
15 valent	4 l	6 ſ	3 d		80		23 l	— ſ	—
16 valent	4 l	12 ſ	—		90		25 l	17 ſ	6
17 valent	4 l	17 ſ	9 d	100		28 l	15 ſ	—
18 valent	5 l	3 ſ	6 d	200		57 l	10 ſ	—
19 valent	5 l	9 ſ	3 d	300		86 l	5 ſ	—
20 valent	5 l	15 ſ	—	400		115 l	— ſ	—
21 valent	6 l	— ſ	9 d	3. quarts		l	4 ſ	3
22 valent	6 l	6 ſ	6 d	le demi		l	2 ſ	10
23 valent	6 l	12 ſ	3 d	le quart		l	1 ſ	5
24 valent	6 l	18 ſ	—	le 8me.		l	— ſ	8
25 valent	7 l	3 ſ	9 d	le 16me.		l	— ſ	4
26 valent	7 l	9 ſ	6 d	2. Tiers		l	3 ſ	10
27 valent	7 l	15 ſ	3 d	le Tier		l	1 ſ	11
28 valent	8 l	1 ſ	—	le 6me.		l	— ſ	11
29 valent	8 l	6 ſ	9 d	le 12.me		l	— ſ	5
30 valent	8 l	12 ſ	6 d	le 15.me		l	— ſ	4

		l	s				l	s	
2	valent —		12	d	31		9	6	
3	valent —		18	d	32		9	12	
4	valent	1	4	d	33		9	18	
5	valent	1	10	d	34		10	4	
6	valent	1	16	d	35		10	10	
7	valent	2	2	d	36		10	16	
8	valent	2	8	d	37		11	2	
9	valent	2	14	d	38		11	8	
10	valent	3	—	d	39		11	14	
11	valent	3	6	d	40		12	—	
12	valent	3	12	d	50		15	—	
13	valent	3	18	d	60		18	—	
14	valent	4	4	d	70		21	—	
15	valent	4	10	d	80		24	—	
16	valent	4	16	d	90		27	—	
17	valent	5	2	d	100		30	—	
18	valent	5	8	d	200		60	—	
19	valent	5	14	d	300		90	—	
20	valent	6	—	d	400		120	—	
21	valent	6	6	d	3. quars		4	6	
22	valent	6	12	d	le demi		3	—	
23	valent	6	18	d	le quare		1	6	
24	valent	7	4	d	le 8me.		—	9	
25	valent	7	10	d	le 16me.		—	4	
26	valent	7	16	d	2. tiers		4	—	
27	valent	8	2	d	le tier		2	—	
28	valent	8	8	d	le 6me.		1	—	
29	valent	8	14	d	le 12me.		—	6	
30	valent	9	—	d	le 15.me		—	4	

A 6.ʃ. 3.Deniers la Marchandiʃe.

		l	ʃ	d			l	ʃ	
2	valent	—	12	6	31		9	13	9
3	valent	—	18	9	32		10	—	—
4	valent	1	5	—	33		10	6	3
5	valent	1	11	3	34		10	12	6
6	valent	1	17	6	35		10	18	9
7	valent	2	3	9	36		11	5	—
8	valent	2	10	—	37		11	11	3
9	valent	2	16	3	38		11	17	6
10	valent	3	2	6	39		12	3	9
11	valent	3	8	9	40		12	10	—
12	valent	3	15	—	50		15	12	6
13	valent	4	1	3	60		18	15	—
14	valent	4	7	6	70		21	17	6
15	valent	4	13	9	80		25	—	—
16	valent	5	—	—	90		28	2	6
17	valent	5	6	3	100		31	5	—
18	valent	5	12	6	200		62	10	—
19	valent	5	18	9	300		93	15	—
20	valent	6	5	—	400		125	—	—
21	valent	6	11	3	3.quarts		1	4	7
22	valent	6	17	6	le demi		1	3	1
23	valent	7	3	9	le quart		1	1	6
24	valent	7	10	—	le 8me.		1	—	9
25	valent	7	16	3	le 16me.		1	—	4
26	valent	8	2	6	2.Tiers		1	4	2
27	valent	8	8	9	le tier		1	2	1
28	valent	8	15	—	le 6me.		1	1	—
29	valent	9	1	3	le 12me.		1	—	6
30	valent	9	7	6	le 15.me		1	—	4

A 7. ſols la Marchandiſe

	l	ſ	d		l	ſ	d
2 valent	—	14	d	31	10	17	
3 valent	1	1	d	32	11	4	
4 valent	1	8	d	33	11	11	
5 valent	1	15	d	34	11	18	
6 valent	2	2	d	35	12	5	
7 valent	2	9	d	36	12	12	
8 valent	2	16	d	37	12	19	
9 valent	3	3	d	38	13	6	
10 valent	3	10	d	39	13	13	
11 valent	3	17	d	40	14	—	
12 valent	4	4	d	50	17	10	
13 valent	4	11	d	60	21	—	
14 valent	4	18	d	70	24	10	
15 valent	5	5	d	80	28	—	
16 valent	5	12	d	90	31	10	
17 valent	5	19	d	100	35	—	
18 valent	6	6	d	200	70	—	
19 valent	6	13	d	300	105	—	
20 valent	7	—	d	400	140	—	
21 valent	7	7	d	3. quars	—	5	3
22 valent	7	14	d	le demi	—	3	6
23 valent	8	1	d	le quart	—	1	9
24 valent	8	8	d	le 8me.	—	—	10
25 valent	8	15	d	le 16me.	—	—	5
26 valent	9	2	d	2. tiers	—	4	8
27 valent	9	9	d	le tier	—	2	4
28 valent	9	16	d	le 6me.	—	1	2
29 valent	10	3	d	le 12me.	—	—	7
30 valent	10	10	d	le 15.me	—	—	5

À 7 ſ. 3 Deniers la Marchandiſe.

	l	ſ	d		l	ſ	d
2 valent	—	14	6	31	11	4	9
3 valent	1	1	9	32	11	12	—
4 valent	1	9	—	33	11	19	3
5 valent	1	16	3	34	12	6	6
6 valent	2	3	6	35	12	13	9
7 valent	2	10	9	36	13	1	—
8 valent	2	18	—	37	13	8	3
9 valent	3	5	3	38	13	15	6
10 valent	3	12	6	39	14	2	9
11 valent	3	19	9	40	14	10	—
12 valent	4	7	—	50	18	2	6
13 valent	4	14	3	60	21	15	—
14 valent	5	1	6	70	25	7	6
15 valent	5	8	9	80	29	—	—
16 valent	5	16	—	90	32	12	6
17 valent	6	3	3	100	36	5	—
18 valent	6	10	6	200	72	10	—
19 valent	6	17	9	300	108	15	—
20 valent	7	5	—	400	145	—	—
21 valent	7	12	3	3. quarts		5	4
22 valent	7	19	6	le demi		3	7
23 valent	8	6	9	le quart		1	9
24 valent	8	14	—	le 8.me		—	10
25 valent	9	1	3	le 16.me		—	5
26 valent	9	8	6	2. tiers		4	10
27 valent	9	15	9	le tier		2	5
28 valent	10	3	—	le 6.me		1	2
29 valent	10	10	3	le 12.me		—	7
30 valent	10	17	6	le 15.me		—	5

E

A 7 ſ. 6. Deniers la Marchandiſe.

	l	ſ	d
2 valent	—	15 ſ	— d
3 valent	1 l	2 ſ	6 d
4 valent	1 l	10 ſ	— d
5 valent	1 l	17 ſ	6 d
6 valent	2 l	5 ſ	— d
7 valent	2 l	12 ſ	6 d
8 valent	3 l	— ſ	— d
9 valent	3 l	7 ſ	6 d
10 valent	3 l	15 ſ	— d
11 valent	4 l	2 ſ	6 d
12 valent	4 l	10 ſ	— d
13 valent	4 l	17 ſ	6 d
14 valent	5 l	5 ſ	— d
15 valent	5 l	12 ſ	6 d
16 valent	6 l	— ſ	— d
17 valent	6 l	7 ſ	6 d
18 valent	6 l	15 ſ	— d
19 valent	7 l	2 ſ	6 d
20 valent	7 l	10 ſ	— d
21 valent	7 l	17 ſ	6 d
22 valent	8 l	5 ſ	— d
23 valent	8 l	12 ſ	6 d
24 valent	9 l	— ſ	— d
25 valent	9 l	7 ſ	6 d
26 valent	9 l	15 ſ	— d
27 valent	10 l	2 ſ	6 d
28 valent	10 l	10 ſ	— d
29 valent	10 l	17 ſ	6 d
30 valent	11 l	5 ſ	— d

	l	ſ	d
31	11 l	12 ſ	6
32	12 l	— ſ	—
33	12 l	7 ſ	6
34	12 l	15 ſ	—
35	13 l	2 ſ	6
36	13 l	10 ſ	—
37	13 l	17 ſ	6
38	14 l	5 ſ	—
39	14 l	12 ſ	6
40	15 l	— ſ	—
50	18 l	15 ſ	—
60	22 l	10 ſ	—
70	26 l	5 ſ	—
80	30 l	— ſ	—
90	33 l	15 ſ	—
100	37 l	10 ſ	—
200	75 l	— ſ	—
300	112 l	10 ſ	—
400	150 l	— ſ	—
3. quarts	— l	5 ſ	7
le demi	— l	3 ſ	9
le quart	— l	1 ſ	10
le 8.me	— l	— ſ	11
le 16.me	— l	— ſ	5
2. tiers	— l	5 ſ	—
le tier	— l	2 ſ	6
le 6.me	— l	1 ſ	3
le 12.me	— l	— ſ	7
le 15.me	— l	— ſ	6

À 7. ſ. 9. Deniers la Marchandiſe.

	l	ſ	d
2 valent	—	15 ſ	6 d
3 valent	1 l	3 ſ	3 d
4 valent	1 l	11 ſ	— d
5 valent	1 l	18 ſ	9 d
6 valent	2 l	6 ſ	6 d
7 valent	2 l	14 ſ	3 d
8 valent	3 l	2 ſ	— d
9 valent	3 l	9 ſ	9 d
10 valent	3 l	17 ſ	6 d
11 valent	4 l	5 ſ	3 d
12 valent	4 l	13 ſ	— d
13 valent	5 l	— ſ	9 d
14 valent	5 l	8 ſ	6 d
15 valent	5 l	16 ſ	3 d
16 valent	6 l	4 ſ	— d
17 valent	6 l	11 ſ	9 d
18 valent	6 l	19 ſ	6 d
19 valent	7 l	7 ſ	3 d
20 valent	7 l	15 ſ	— d
21 valent	8 l	2 ſ	9 d
22 valent	8 l	10 ſ	6 d
23 valent	8 l	18 ſ	3 d
24 valent	9 l	6 ſ	— d
25 valent	9 l	13 ſ	9 d
26 valent	10 l	1 ſ	6 d
27 valent	10 l	9 ſ	3 d
28 valent	10 l	17 ſ	— d
29 valent	11 l	4 ſ	9 d
30 valent	11 l	12 ſ	6 d

	l	ſ	d
31	12 l	— ſ	3
32	12 l	8 ſ	—
33	12 l	15 ſ	9
34	13 l	3 ſ	6
35	13 l	11 ſ	3
36	13 l	19 ſ	—
37	14 l	6 ſ	9
38	14 l	14 ſ	6
39	15 l	2 ſ	3
40	15 l	10 ſ	—
50	19 l	7 ſ	6
60	23 l	5 ſ	—
70	27 l	2 ſ	6
80	31 l	— ſ	—
90	34 l	17 ſ	6
100	38 l	15 ſ	—
200	77 l	10 ſ	—
300	116 l	5 ſ	—
400	155 l	— ſ	—
3. quarts	l	5 ſ	9
le demi	l	3 ſ	10
le quart	l	1 ſ	11
le 8m.	l	— ſ	11
le 16m.	l	— ſ	5
2. tiers	l	5 ſ	2
le tier.	l	2 ſ	7
le 6.me.	l	1 ſ	3
le 12.me	l	— ſ	7
le 15.me	l	— ſ	6

E * *

	livres	sols			livres	sols	deniers
2 valent	—	16 s	d	31	12 l	8 s	
3 valent	1 l	4 s	d	32	12 l	16 s	
4 valent	1 l	12 s	d	33	13 l	4 s	
5 valent	2 l	— s	d	34	13 l	12 s	
6 valent	2 l	8 s		35	14 l	— s	
7 valent	2 l	16 s	d	36	14 l	8 s	
8 valent	3 l	4 s	d	37	14 l	16 s	
9 valent	3 l	12 s	d	38	15 l	4 s	
10 valent	4 l	— s	d	39	15 l	12 s	
11 valent	4 l	8 s	d	40	16 l	— s	
12 valent	4 l	16 s	d	50	20 l	— s	
13 valent	5 l	4 s	d	60	24 l	— s	
14 valent	5 l	12 s	d	70	28 l	— s	
15 valent	6 l	— s	d	80	32 l	— s	
16 valent	6 l	8 s	d	90	36 l	— s	
17 valent	6 l	16 s	d	100	40 l	— s	
18 valent	7 l	4 s	d	200	80 l	— s	
19 valent	7 l	12 s	d	300	120 l	— s	
20 valent	8 l	— s	d	400	160 l	— s	
21 valent	8 l	8 s	d	3. *quarts*	1 l	6 s	—
22 valent	8 l	16 s	d	*le demi*	1 l	4 s	—
23 valent	9 l	4 s	d	*le quart*	1 l	2 s	—
24 valent	9 l	12 s	d	*le* 8.me	1 l	1 s	—
25 valent	10 l	— s	d	*le* 16.me	1 l	— s	6
26 valent	10 l	8 s	d	2. *tiers*	1 l	5 s	4
27 valent	10 l	16 s	d	*le tier*	1 l	2 s	8
28 valent	11 l	4 s	d	*le* 6me	1 l	1 s	4
29 valent	11 l	12 s	d	*le* 12.me	1 l	— s	8
30 valent	12 l	— s	d	*le* 15.me	1 l	— s	6

A 8 ſ. 3. Deniers la Marchandise.

	l	ſ	d		l	ſ	d
2 valent	1	16	6	31	12	15	9
3 valent	1	4	9	32	13	4	—
4 valent	1	13	—	33	13	12	3
5 valent	2	1	3	34	14	—	6
6 valent	2	9	6	35	14	8	9
7 valent	2	17	9	36	14	17	—
8 valent	3	6	—	37	15	5	3
9 valent	3	14	3	38	15	13	6
10 valent	4	2	6	39	16	1	9
11 valent	4	10	9	40	16	10	—
12 valent	4	19	—	50	20	12	6
13 valent	5	7	3	60	24	15	—
14 valent	5	15	6	70	28	17	6
15 valent	6	3	9	80	33	—	—
16 valent	6	12	—	90	37	2	6
17 valent	7	—	3	100	41	5	—
18 valent	7	8	6	200	82	10	—
19 valent	7	16	9	300	123	15	—
20 valent	8	5	—	400	165	—	—
21 valent	8	13	3	3 quarts		6	1
22 valent	9	1	6	le demi.		4	1
23 valent	9	9	9	le quart		2	—
24 valent	9	18	—	le 8.me		1	—
25 valent	10	6	3	le 16.me		—	6
26 valent	10	14	6	2. tiers		5	6
27 valent	11	2	9	le tier		2	9
28 valent	11	11	—	le 6.me		1	4
29 valent	11	19	3	le 12.me		—	8
30 valent	12	7	6	le 15.me		—	6

A 8. ſ 6. Deniers la Marchandiſe.

		l	ſ	d			l	ſ	d
2	valent	—	17	—	31		13	3	6
3	valent	1	5	6	32		13	12	—
4	valent	1	14	—	33		14	—	6
5	valent	2	2	6	34		14	9	—
6	valent	2	11	—	35		14	17	6
7	valent	2	19	6	36		15	6	—
8	valent	3	8	—	37		15	14	6
9	valent	3	16	6	38		16	3	—
10	valent	4	5	—	39		16	11	6
11	valent	4	13	6	40		17	—	—
12	valent	5	2	—	50		21	5	—
13	valent	5	10	6	60		25	10	—
14	valent	5	19	—	70		29	15	—
15	valent	6	7	6	80		34	—	—
16	valent	6	16	—	90		38	5	—
17	valent	7	4	6	100		42	10	—
18	valent	7	13	—	200		85	—	—
19	valent	8	1	6	300		127	10	—
20	valent	8	10	—	400		170	—	—
21	valent	8	18	6	3. quarts			6	4
22	valent	9	7	—	le demi			4	3
23	valent	9	15	6	le quart			2	1
24	valent	10	4	—	le 8me.			1	—
25	valent	10	12	6	le 16me.			—	6
26	valent	11	1	—	2. tiers			5	8
27	valent	11	9	6	le tier			2	10
28	valent	11	18	—	le 6me.			1	5
29	valent	12	6	6	le 12me.			—	8
30	valent	12	15	—	le 15.me			—	6

A° 8 ſ. 9 Deniers la Marchandiſe

	l	ſ	d		l	ſ	d
2 valent	—	17	6	31	13	11	3
3 valent	1	6	3	32	14	—	—
4 valent	1	15	—	33	14	8	9
5 valent	2	3	9	34	14	17	6
6 valent	2	12	6	35	15	6	3
7 valent	3	1	3	36	15	15	—
8 valent	3	10	—	37	16	3	9
9 valent	3	18	9	38	16	12	6
10 valent	4	7	6	39	17	1	3
11 valent	4	16	3	40	17	10	—
12 valent	5	5	—	50	21	17	6
13 valent	5	13	9	60	26	5	—
14 valent	6	2	6	70	30	12	6
15 valent	6	11	3	80	35	—	—
16 valent	7	—	—	90	39	7	6
17 valent	7	8	9	100	43	15	—
18 valent	7	17	6	200	87	10	—
19 valent	8	6	3	300	131	5	—
20 valent	8	15	—	400	175	—	—
21 valent	9	3	9	3. quaris	—	6	6
22 valent	9	12	6	le demi	—	4	4
23 valent	10	1	3	le quart	—	2	2
24 valent	10	10	—	le 8.me	—	1	1
25 valent	10	18	9	le 16.me	—	—	6
26 valent	11	7	6	2. Tiers	—	5	10
27 valent	11	16	3	la Tier	—	2	11
28 valent	12	5	—	le 6.me	—	1	5
29 valent	12	13	9	le 12.me	—	—	8
30 valent	13	2	6	le 15.me	—	—	7

2 valent	— 18 ſ d	31	13 l 19 ſ
3 valent	1 l 7 ſ d	32	14 l 8 ſ
4 valent	1 l 16 ſ d	33	14 l 17 ſ
5 valent	2 l 5 ſ d	34	15 l 6 ſ
6 valent	2 l 14 ſ d	35	15 l 15 ſ
7 valent	3 l 3 ſ d	36	16 l 4 ſ
8 valent	3 l 12 ſ d	37	16 l 13 ſ
9 valent	4 l 1 ſ d	38	17 l 2 ſ
10 valent	4 l 10 ſ d	39	17 l 11 ſ
11 valent	4 l 19 ſ d	40	18 l — ſ
12 valent	5 l 8 ſ d	50	22 l 10 ſ
13 valent	5 l 17 ſ d	60	27 l — ſ
14 valent	6 l 6 ſ d	70	31 l 10 ſ
15 valent	6 l 15 ſ d	80	36 l — ſ
16 valent	7 l 4 ſ d	90	40 l 10 ſ
17 valent	7 l 13 ſ d	100	45 l — ſ
18 valent	8 l 2 ſ d	200	90 l — ſ
19 valent	8 l 11 ſ d	300	135 l — ſ
20 valent	9 l — ſ d	400	180 l — ſ
21 valent	9 l 9 ſ d	3. quars	1 6 ſ 9
22 valent	9 l 18 ſ d	le demi	1 4 ſ 6
23 valent	10 l 7 ſ d	le quart	1 2 ſ 3
24 valent	10 l 16 ſ d	le 8me.	1 1 ſ 1
25 valent	11 l 5 ſ d	le 16me.	1 — ſ 6
26 valent	11 l 14 ſ d	2. tiers	1 6 ſ —
27 valent	12 l 3 ſ d	le tier	1 3 ſ —
28 valent	12 l 12 ſ d	le 6me.	1 1 ſ 6
29 valent	13 l 1 ſ d	le 12me.	1 — ſ 9
30 valent	13 l 10 ſ d	le 15.me	1 — ſ 7

A 9.ſ.3.Deniers la Marchandiſe.

	l	ſ	d		l	ſ	d
2 valent	—	18	6	31	14	6	9
3 valent	1	7	9	32	14	16	—
4 valent	1	17	—	33	15	5	3
5 valent	2	6	3	34	15	14	6
6 valent	2	15	6	35	16	3	9
7 valent	3	4	9	36	16	13	—
8 valent	3	14	—	37	17	2	3
9 valent	4	3	3	38	17	11	6
10 valent	4	12	6	39	18	—	9
11 valent	5	1	9	40	18	10	—
12 valent	5	11	—	50	23	2	6
13 valent	6	—	3	60	27	15	—
14 valent	6	9	6	70	32	7	6
15 valent	6	18	9	80	37	—	—
16 valent	7	8	—	90	41	12	6
17 valent	7	17	3	100	46	5	—
18 valent	8	6	6	200	92	10	—
19 valent	8	15	9	300	138	15	—
20 valent	9	5	—	400	185	—	—
21 valent	9	14	3	3.quarts	—	6	10
22 valent	10	3	6	le demi	—	4	7
23 valent	10	12	9	le quart	—	2	3
24 valent	11	2	—	le 8me.	—	1	2
25 valent	11	11	3	le 16me.	—	—	6
26 valent	12	—	6	2.Tiers	—	6	2
27 valent	12	9	9	le tier	—	3	1
28 valent	12	19	—	le 6me.	—	1	6
29 valent	13	8	3	le 12me.	—	—	9
30 valent	13	17	6	le 15.me	—	—	7

A 9. ſ 6. Deniers la Marchandiſe.

		l	ſ	d		l	ſ	
2	valent	—	19 ſ	— d	31	14 l	14 ſ	6
3	valent	1 l	8 ſ	6 d	32	15 l	4 ſ	—
4	valent	1 l	18 ſ	— d	33	15 l	13 ſ	6
5	valent	2 l	7 ſ	6 d	34	16 l	3 ſ	—
6	valent	2 l	17 ſ	— d	35	16 l	12 ſ	6
7	valent	3 l	6 ſ	6 d	36	17 l	2 ſ	—
8	valent	3 l	16 ſ	— d	37	17 l	11 ſ	6
9	valent	4 l	5 ſ	6 d	38	18 l	1 ſ	—
10	valent	4 l	15 ſ	— d	39	18 l	10 ſ	6
11	valent	5 l	4 ſ	6 d	40	19 l	— ſ	—
12	valent	5 l	14 ſ	— d	50	23 l	15 ſ	—
13	valent	6 l	3 ſ	6 d	60	28 l	10 ſ	—
14	valent	6 l	13 ſ	— d	70	33 l	5 ſ	—
15	valent	7 l	2 ſ	6 d	80	38 l	— ſ	—
16	valent	7 l	12 ſ	— d	90	42 l	15 ſ	—
17	valent	8 l	1 ſ	6 d	100	47 l	10 ſ	—
18	valent	8 l	11 ſ	— d	200	95 l	— ſ	—
19	valent	9 l	— ſ	6 d	300	142 l	10 ſ	—
20	valent	9 l	10 ſ	— d	400	190 l	— ſ	—
21	valent	9 l	19 ſ	6 d	3.quarts	l	7 ſ	1
22	valent	10 l	9 ſ	— d	le demi	l	4 ſ	9
23	valent	10 l	18 ſ	6 d	le quart	l	2 ſ	4
24	valent	11 l	8 ſ	— d	le 8me.	l	1 ſ	2
25	valent	11 l	17 ſ	6 d	le 6me.	l	— ſ	7
26	valent	12 l	7 ſ	— d	2.tiers	l	6 ſ	4
27	valent	12 l	16 ſ	6 d	le tier	l	3 ſ	2
28	valent	13 l	6 ſ	— d	le 6me.	l	1	7
29	valent	13 l	15 ſ	6 d	le 12me.	l	— ſ	9
30	valent	14 l	5 ſ	— d	le 15.me	l	— ſ	7

A 8.ſ. 9.Deniers la Marchandiſe.

2 valent	—	19 ſ	6 d	31	15 l	2 ſ	3
3 valent	1 l	9 ſ	3 d	32	15 l	12 ſ	—
4 valent	1 l	19 ſ	—	33	16 l	1 ſ	9
5 valent	2 l	8 ſ	9 d	34	16 l	11 ſ	6
6 valent	2 l	18 ſ	6 d	35	17 l	1 ſ	3
7 valent	3 l	8 ſ	3 d	36	17 l	11 ſ	—
8 valent	3 l	18 ſ	—	37	18 l	— ſ	9
9 valent	4 l	7 ſ	9 d	38	18 l	10 ſ	6
10 valent	4 l	17 ſ	6 d	39	19 l	— ſ	3
11 valent	5 l	7 ſ	3 d	40	19 l	10 ſ	—
12 valent	5 l	17 ſ	—	50	24 l	7 ſ	6
13 valent	6 l	6 ſ	9 d	60	29 l	5 ſ	—
14 valent	6 l	16 ſ	6 d	70	34 l	2 ſ	6
15 valent	7 l	6 ſ	3 d	80	39 l	— ſ	—
16 valent	7 l	16 ſ	—	90	43 l	17 ſ	6
17 valent	8 l	5 ſ	9 d	100	48 l	15 ſ	—
18 valent	8 l	15 ſ	6 d	200	97 l	10 ſ	—
19 valent	9 l	5 ſ	3 d	300	146 l	5 ſ	—
20 valent	9 l	15 ſ	—	400	195 l	— ſ	—
21 valent	10 l	4 ſ	9 d	3. quarts	1 l	7 ſ	3
22 valent	10 l	14 ſ	6 d	le demi	1 l	4 ſ	10
23 valent	11 l	4 ſ	3 d	le quart	1 l	2 ſ	5
24 valent	11 l	14 ſ	—	le 8me.	1 l	1 ſ	2
25 valent	12 l	3 ſ	9 d	le 16me.	1 l	— ſ	7
26 valent	12 l	13 ſ	6 d	2. tiers	1 l	6 ſ	6
27 valent	13 l	3 ſ	3 d	le tier	1 l	3 ſ	3
28 valent	13 l	13 ſ	—	le 6me.	1 l	1 ſ	7
29 valent	14 l	2 ſ	9 d	le 12me.	1 l	1 ſ	9
30 valent	14 l	12 ſ	6 d	le 15.m	1 l	— ſ	7

A 10. ſols la Marchandiſe.

Quantité	l	ſ	d
2 valent	1 l	— ſ	d
3 valent	1 l	10 ſ	d
4 valent	2 l	— ſ	d
5 valent	2 l	10 ſ	d
6 valent	3 l	— ſ	d
7 valent	3 l	10 ſ	d
8 valent	4 l	— ſ	d
9 valent	4 l	10 ſ	d
10 valent	5 l	— ſ	d
11 valent	5 l	10 ſ	d
12 valent	6 l	— ſ	d
13 valent	6 l	10 ſ	d
14 valent	7 l	— ſ	d
15 valent	7 l	10 ſ	d
16 valent	8 l	— ſ	d
17 valent	8 l	10 ſ	d
18 valent	9 l	— ſ	d
19 valent	9 l	10 ſ	d
20 valent	10 l	— ſ	d
21 valent	10 l	10 ſ	d
22 valent	11 l	— ſ	d
23 valent	11 l	10 ſ	d
24 valent	12 l	— ſ	d
25 valent	12 l	10 ſ	d
26 valent	13 l	— ſ	d
27 valent	13 l	10 ſ	d
28 valent	14 l	— ſ	d
29 valent	14 l	10 ſ	d
30 valent	15 l	— ſ	d

Quantité	l	ſ
31	15 l	10 ſ
32	16 l	— ſ
33	16 l	10 ſ
34	17 l	— ſ
35	17 l	10 ſ
36	18 l	— ſ
37	18 l	10 ſ
38	19 l	— ſ
39	19 l	10 ſ
40	20 l	— ſ
50	25 l	— ſ
60	30 l	— ſ
70	35 l	— ſ
80	40 l	— ſ
90	45 l	— ſ
100	50 l	— ſ
100	100 l	— ſ
300	150 l	— ſ
400	200 l	— ſ

	l	ſ	d
3. quars	l —	7 ſ	6
le demi	l —	5 ſ	—
le quart	l —	2 ſ	6
le 8me.	l —	1 ſ	3
le 16me.	l —	— ſ	7
2. tiers	l —	6 ſ	8
le tier	l —	3 ſ	4
le 6me.	l —	1 ſ	8
le 12me.	l —	— ſ	10
le 15.me	l —	— ſ	8

A 10 ſ. 3. Deniers la Marchandiſe.

2 valent	1 l	— ſ	6 d	31	15 l	17 ſ	9
3 valent	1 l	10 ſ	9 d	32	16 l	8 ſ	—
4 valent	2 l	1 ſ	— d	33	16 l	18 ſ	3
5 valent	2 l	11 ſ	3 d	34	17 l	8 ſ	6
6 valent	3 l	1 ſ	6 d	35	17 l	18 ſ	9
7 valent	3 l	11 ſ	9 d	36	18 l	9 ſ	—
8 valent	4 l	2 ſ	— d	37	18 l	19 ſ	3
9 valent	4 l	12 ſ	3 d	38	19 l	9 ſ	6
10 valent	5 l	2 ſ	6 d	39	19 l	19 ſ	9
11 valent	5 l	12 ſ	9 d	40	20 l	10 ſ	—
12 valent	6 l	3 ſ	— d	50	25 l	11 ſ	6
13 valent	6 l	13 ſ	3 d	60	30 l	15 ſ	—
14 valent	7 l	3 ſ	6 d	70	35 l	17 ſ	6
15 valent	7 l	13 ſ	9 d	80	41 l	— ſ	—
16 valent	8 l	4 ſ	— d	90	46 l	2 ſ	6
17 valent	8 l	14 ſ	3 d	100	51 l	5 ſ	—
18 valent	9 l	4 ſ	6 d	200	102 l	10 ſ	—
19 valent	9 l	14 ſ	9 d	300	153 l	15 ſ	—
20 valent	10 l	5 ſ	— d	400	205 l	— ſ	—
21 valent	10 l	15 ſ	3 d	3. quarts	l	7 ſ	7
22 valent	11 l	5 ſ	6 d	le demi	l	5 ſ	1
23 valent	11 l	15 ſ	9 d	le quart	l	2 ſ	6
24 valent	12 l	6 ſ	— d	le 8.me	l	1 ſ	3
25 valent	12 l	16 ſ	3 d	le 16.me	l	— ſ	7
26 valent	13 l	6 ſ	6 d	2. tiers	l	6 ſ	10
27 valent	13 l	16 ſ	9 d	le tier	l	3 ſ	5
28 valent	14 l	7 ſ	— d	le 6.me	l	1 ſ	8
29 valent	14 l	17 ſ	3 d	le 12.me	l	— ſ	10
30 valent	15 l	7 ſ	6 d	le 15.me	l	— ſ	8

2 valent	1 l	1 ſ	— d	31	16 l	5 ſ 6
3 valent	1 l	11 ſ	6 d	32	16 l	16 ſ —
4 valent	2 l	2 ſ	— d	33	17 l	6 ſ 6
5 valent	2 l	12 ſ	6 d	34	17 l	17 ſ —
6 valent	3 l	3 ſ	— d	35	18 l	7 ſ 6
7 valent	3 l	13 ſ	6 d	36	18 l	18 ſ —
8 valent	4 l	4 ſ	— d	37	19 l	8 ſ 6
9 valent	4 l	14 ſ	6 d	38	19 l	19 ſ —
10 valent	5 l	5 ſ	— d	39	20 l	9 ſ 6
11 valent	5 l	15 ſ	6 d	40	21 l	— ſ —
12 valent	6 l	6 ſ	— d	50	26 l	5 ſ —
13 valent	6 l	16 ſ	6 d	60	31 l	10 ſ —
14 valent	7 l	7 ſ	— d	70	36 l	15 ſ —
15 valent	7 l	17 ſ	6 d	80	42 l	— ſ —
16 valent	8 l	8 ſ	— d	90	47 l	5 ſ —
17 valent	8 l	18 ſ	6 d	100	52 l	10 ſ —
18 valent	9 l	9 ſ	— d	200	105 l	— ſ —
19 valent	9 l	19 ſ	6 d	300	157 l	10 ſ —
20 valent	10 l	10 ſ	— d	400	210 l	— ſ —
21 valent	11 l	— ſ	6 d	3 *quarts*	1	7 ſ 10
22 valent	11 l	11 ſ	— d	*le demi*	1	5 ſ 3
23 valent	12 l	1 ſ	6 d	*le quare*	1	2 ſ 7
24 valent	12 l	12 ſ	— d	*le* 8me.	1	1 ſ 3
25 valent	13 l	2 ſ	6 d	*le* 16me.	1	— ſ 7
26 valent	13 l	13 ſ	— d	2.*tiers*	1	7 ſ —
27 valent	14 l	3 ſ	6 d	*le tier*	1	3 ſ 6
28 valent	14 l	14 ſ	— d	*le* 6me.	1	1 ſ 9
29 valent	15 l	4 ſ	6 d	*le* 12me.	1	— ſ 10
30 valent	15 l	15 ſ	— d	*le* 15me.	1	— ſ 8

A 10. ſ. 9. *Deniers* la Marchandiſe.

	l	ſ	d			l	ſ	d
2 valent	1	11	6		31	16	13	3
3 valent	1	12	3		32	17	4	—
4 valent	2	3	—		33	17	14	9
5 valent	2	13	9		34	18	5	6
6 valent	3	4	6		35	18	16	3
7 valent	3	15	3		36	19	7	—
8 valent	4	6	—		37	19	17	9
9 valent	4	16	9		38	20	8	6
10 valent	5	7	6		39	20	19	3
11 valent	5	18	3		40	21	10	—
12 valent	6	9	—		50	26	17	6
13 valent	6	19	9		60	32	5	—
14 valent	7	10	6		70	37	12	6
15 valent	8	1	3		80	43	—	—
16 valent	8	12	—		90	48	7	6
17 valent	9	2	9		100	53	15	—
18 valent	9	13	6		200	107	10	—
19 valent	10	4	3		300	161	5	—
20 valent	10	15	—		400	215	—	—
21 valent	11	5	9		3. quarts		8	—
22 valent	11	16	6		le demi		5	4
23 valent	12	7	3		le quart		2	8
24 valent	12	18	—		le 8.me		1	4
25 valent	13	8	9		le 16.me		—	8
26 valent	13	19	6		2 tiers.		7	2
27 valent	14	10	3		le tier		3	7
28 valent	15	1	—		le 6me.		1	9
29 valent	15	11	9		le 12.me		—	10
30 valent	16	2	6		le 15.me		—	8

2 valent	1 l	2 ſ	d	31	17 l	1 ſ		
3 valent	1 l	13 ſ	d	32	17 l	12 ſ		
4 valent	2 l	4 ſ	d	33	18 l	3 ſ		
5 valent	2 l	15 ſ	d	34	18 l	14 ſ		
6 valent	3 l	6 ſ		35	19 l	5 ſ		
7 valent	3 l	17 ſ	d	36	19 l	16 ſ		
8 valent	4 l	8 ſ	d	37	20 l	7 ſ		
9 valent	4 l	19 ſ	d	38	20 l	18 ſ		
10 valent	5 l	10 ſ	d	39	21 l	9 ſ		
11 valent	6 l	1 ſ	d	40	22 l	— ſ		
12 valent	6 l	12 ſ	d	50	27 l	10 ſ		
13 valent	7 l	3 ſ	d	60	33 l	— ſ		
14 valent	7 l	14 ſ	d	70	38 l	10 ſ		
15 valent	8 l	5 ſ	d	80	44 l	— ſ		
16 valent	8 l	16 ſ	d	90	49 l	10 ſ		
17 valent	9 l	7 ſ	d	100	55 l	— ſ		
18 valent	9 l	18 ſ	d	200	110 l	— ſ		
19 valent	10 l	9 ſ	d	300	165 l	— ſ		
20 valent	11 l	— ſ	d	400	220 l	— ſ		
21 valent	11 l	11 ſ	d	*3 quarts*		1 8 ſ	3	
22 valent	12 l	2 ſ	d	*le demi*		1 5 ſ	6	
23 valent	12 l	13 ſ	d	*le quart*		1 2 ſ	9	
24 valent	13 l	4 ſ	d	*le 8.me*		1 1 ſ	4	
25 valent	13 l	15 ſ	d	*le 16.me*		1 — ſ	8	
26 valent	14 l	6 ſ	d	*2. tiers*		1 7 ſ	4	
27 valent	14 l	17 ſ	d	*le tier*		1 3 ſ	8	
28 valent	15 l	8 ſ	d	*le 6.me*		1 1 ſ 10		
29 valent	15 l	19 ſ	d	*le 12.me*		1 — ſ 11		
30 valent	16 l	10 ſ	d	*le 15.me*		1 — ſ 8		

A 11 ſ. 3. Deniers la Marchandiſe.

	l	ſ	d
2 valent	1	2	6
3 valent	1	13	9
4 valent	2	5	—
5 valent	2	16	3
6 valent	3	7	6
7 valent	3	18	9
8 valent	4	10	—
9 valent	5	1	3
10 valent	5	12	6
11 valent	6	3	9
12 valent	6	15	—
13 valent	7	6	3
14 valent	7	17	6
15 valent	8	8	9
16 valent	9	—	—
17 valent	9	11	3
18 valent	10	2	6
19 valent	10	13	9
20 valent	11	5	—
21 valent	11	16	3
22 valent	12	7	6
23 valent	12	18	9
24 valent	13	10	—
25 valent	14	1	3
26 valent	14	12	6
27 valent	15	3	9
28 valent	15	15	—
29 valent	16	6	3
30 valent	16	17	6

	l	ſ	d
31	17	8	9
32	18	—	—
33	18	11	3
34	19	2	6
35	19	13	9
36	20	5	—
37	20	16	3
38	21	7	6
39	21	18	9
40	22	10	—
50	28	2	6
60	33	15	—
70	39	7	6
80	45	—	—
90	50	12	6
100	56	5	—
200	112	10	—
300	168	15	—
400	225	—	—
3 quarts		8	4
le demi		5	7
le quart		2	9
le 8me.		1	4
le 16me.		—	8
2. tiers		7	6
le tier		3	9
le 6me.		1	10
le 12me.		—	11
le 15.me		—	9

F * * *

	l	ſ	d		l	ſ	d
2 valent	1 l	3 ſ	—	31	17 l	16 ſ	6
3 valent	1 l	14 ſ	6 d	32	18 l	8 ſ	—
4 valent	2 l	0 ſ	—	33	18 l	19 ſ	6
5 valent	2 l	17 ſ	6 d	34	19 l	11 ſ	—
6 valent	3 l	9 ſ	—	35	20 l	2 ſ	6
7 valent	4 l	— ſ	6 d	36	20 l	14 ſ	—
8 valent	4 l	12 ſ	—	37	21 l	5 ſ	6
9 valent	5 l	3 ſ	6 d	38	21 l	17 ſ	—
10 valent	5 l	15 ſ	—	39	22 l	8 ſ	6
11 valent	6 l	6 ſ	6 d	40	23 l	— ſ	—
12 valent	6 l	18 ſ	—	50	28 l	15 ſ	—
13 valent	7 l	9 ſ	6 d	60	34 l	10 ſ	—
14 valent	8 l	1 ſ	—	70	40 l	5 ſ	—
15 valent	8 l	12 ſ	6 d	80	46 l	— ſ	—
16 valent	9 l	4 ſ	—	90	51 l	15 ſ	—
17 valent	9 l	15 ſ	6 d	100	57 l	10 ſ	—
18 valent	10 l	7 ſ	—	200	115 l	— ſ	—
19 valent	10 l	18 ſ	6 d	300	172 l	10 ſ	—
20 valent	11 l	10 ſ	—	400	230 l	— ſ	—
21 valent	12 l	1 ſ	6 d	3. quarts	l	8 ſ	7
22 valent	12 l	13 ſ	—	le demi	l	5 ſ	9
23 valent	13 l	4 ſ	6 d	le quart	l	2 ſ	10
24 valent	13 l	16 ſ	—	le 8ne.	l	1 ſ	5
25 valent	14 l	7 ſ	6 d	le 16me.	l	— ſ	8
26 valent	14 l	19 ſ	—	2. tiers	l	7 ſ	8
27 valent	15 l	10 ſ	6 d	le tier	l	3 ſ	10
28 valent	16 l	2 ſ	—	le 6me.	l	1 ſ	11
29 valent	16 l	13 ſ	6 d	le 12me.	l	— ſ	11
30 valent	17 l	5 ſ	—	le 15.me	l	— ſ	9

A 1 l. ſ. 9. Deniers la Marchandiſe

	valent	l	ſ	d		l	ſ	d
2	valent	1 l	3 ſ	6 d	31	18 l	4 ſ	3
3	valent	1 l	15 ſ	3 d	32	18 l	16 ſ	—
4	valent	2 l	7 ſ	— d	33	19 l	7 ſ	9
5	valent	2 l	18 ſ	9 d	34	19 l	19 ſ	6
6	valent	3 l	10 ſ	6 d	35	20 l	11 ſ	3
7	valent	4 l	2 ſ	3 d	36	21 l	3 ſ	—
8	valent	4 l	14 ſ	—	37	21 l	14 ſ	9
9	valent	5 l	5 ſ	9 d	38	22 l	6 ſ	6
10	valent	5 l	17 ſ	6 d	39	22 l	18 ſ	3
11	valent	6 l	9 ſ	3 d	40	23 l	10 ſ	—
12	valent	7 l	1 ſ	—	50	29 l	7 ſ	6
13	valent	7 l	12 ſ	9 d	60	35 l	5 ſ	—
14	valent	8 l	4 ſ	6 d	70	41 l	2 ſ	6
15	valent	8 l	16 ſ	3 d	80	47 l	— ſ	—
16	valent	9 l	8 ſ	—	90	52 l	17 ſ	6
17	valent	9 l	19 ſ	9 d	100	58 l	15 ſ	—
18	valent	10 l	11 ſ	6 d	200	117 l	10 ſ	—
19	valent	11 l	3 ſ	3 d	300	176 l	5 ſ	—
20	valent	11 l	15 ſ	—	400	235 l	— ſ	—
21	valent	12 l	6 ſ	9 d	3.quarts	l	8 ſ	9
22	valent	12 l	18 ſ	6 d	le demi	l	5 ſ	10
23	valent	13 l	10 ſ	3 d	le quart	l	2 ſ	11
24	valent	14 l	2 ſ	—	le 8me.	l	1 ſ	5
25	valent	14 l	13 ſ	9 d	le 16me.	l	— ſ	8
26	valent	15 l	5 ſ	6 d	2.Tiers	l	7 ſ	10
27	valent	15 l	17 ſ	3 d	le Tier	l	3 ſ	11
28	valent	16 l	9 ſ	—	le 6me.	l	1 ſ	11
29	valent	17 l	— ſ	9 d	le 12.me	l	— ſ	11
30	valent	17 l	11 ſ	6 d	le 15.me	l	— ſ	9

2 valent	1 l 4 ſ	d	31	18 l 12 ſ	
3 valent	1 l 16 ſ	d	32	19 l 4 ſ	
4 valent	2 l 8 ſ	d	33	19 l 16 ſ	
5 valent	3 l — ſ	d	34	20 l 8 ſ	
6 valent	3 l 12 ſ	d	35	21 l — ſ	
7 valent	4 l 4 ſ	d	36	21 l 12 ſ	
8 valent	4 l 16 ſ	d	37	22 l 4 ſ	
9 valent	5 l 8 ſ	d	38	22 l 16 ſ	
10 valent	6 l — ſ	d	39	23 l 8 ſ	
11 valent	6 l 12 ſ	d	40	24 l — ſ	
12 valent	7 l 4 ſ	d	50	30 l — ſ	
13 valent	7 l 16 ſ	d	60	36 l — ſ	
14 valent	8 l 8 ſ	d	70	42 l — ſ	
15 valent	9 l — ſ	d	80	48 l — ſ	
16 valent	9 l 12 ſ	d	90	54 l — ſ	
17 valent	10 l 4 ſ	d	100	60 l — ſ	
18 valent	10 l 16 ſ	d	200	120 l — ſ	
19 valent	11 l 8 ſ	d	300	180 l — ſ	
20 valent	12 l — ſ	d	400	240 l — ſ	
21 valent	12 l 12 ſ	d	3. quars	1 9 ſ —	
22 valent	13 l 4 ſ	d	le demi	1 6 ſ —	
23 valent	13 l 16 ſ	d	le quart	1 3 ſ —	
24 valent	14 l 8 ſ	d	le 8me.	1 1 ſ 6	
25 valent	15 l — ſ	d	le 16me.	1 — ſ 9	
26 valent	15 l 12 ſ	d	2. tiers	1 8 ſ —	
27 valent	16 l 4 ſ	d	le tier	1 4 ſ —	
28 valent	16 l 16 ſ	d	le 6me.	1 2 ſ —	
29 valent	17 l 8 ſ	d	le 12me.	1 1 ſ —	
30 valent	18 l — ſ	d	le 15. me	1 — ſ 9	

A 12. ſ. 3. Deniers la Marchandiſe.

		l	ſ	d
2	valent	1	4	6
3	valent	1	16	9
4	valent	2	9	—
5	valent	3	1	3
6	valent	3	13	6
7	valent	4	5	9
8	valent	4	18	—
9	valent	5	10	3
10	valent	6	2	6
11	valent	6	14	9
12	valent	7	7	—
13	valent	7	19	3
14	valent	8	11	6
15	valent	9	3	9
16	valent	9	16	—
17	valent	10	8	3
18	valent	11	—	6
19	valent	11	12	9
20	valent	12	5	—
21	valent	12	17	3
22	valent	13	9	6
23	valent	14	1	9
24	valent	14	14	—
25	valent	15	6	3
26	valent	15	18	6
27	valent	16	10	9
28	valent	17	3	—
29	valent	17	15	3
30	valent	18	7	6

	l	ſ	
31	18	19	9
32	19	12	—
33	20	4	3
34	20	16	6
35	21	8	9
36	22	1	—
37	22	13	3
38	23	5	6
39	23	17	9
40	24	10	—
50	30	12	6
60	36	15	—
70	42	17	6
80	49	—	—
90	55	2	6
100	61	5	—
200	122	10	—
300	183	15	—
400	245	—	—
3. quarts		9	1
le demi		6	1
le quart		3	—
le 8me.		1	6
le 16me.		—	9
2. Tiers		8	2
le tier		4	1
le 6 me.		2	—
le 12me.		1	—
le 15.me		—	9

		l	ſ	d		l	ſ	d
2	valent	1	5	—	31	19	7	6
3	valent	1	17	6	32	20	—	—
4	valent	2	10	—	33	20	12	6
5	valent	3	2	6	34	21	5	—
6	valent	3	15	—	35	21	17	6
7	valent	4	7	6	36	22	10	—
8	valent	5	—	—	37	23	2	6
9	valent	5	12	6	38	23	15	—
10	valent	6	5	—	39	24	7	6
11	valent	6	17	6	40	25	—	—
12	valent	7	10	—	50	31	5	—
13	valent	8	2	6	60	37	10	—
14	valent	8	15	—	70	43	15	—
15	valent	9	7	6	80	50	—	—
16	valent	10	—	—	90	56	5	—
17	valent	10	12	6	100	62	10	—
18	valent	11	5	—	200	125	—	ſ
19	valent	11	17	6	300	187	10	—
20	valent	12	10	—	400	250	—	—
21	valent	13	2	6	3.quarts		9	4
22	valent	13	15	—	le demi		6	3
23	valent	14	7	6	le quart		3	1
24	valent	15	—	—	le 8me.		1	6
25	valent	15	12	6	le 6me.		—	9
26	valent	16	5	—	2.tiers		8	4
27	valent	16	17	6	le tier		4	2
28	valent	17	10	—	le 6me.		2	1
29	valent	18	2	6	le 12me.		1	—
30	valent	18	15	—	le 15.me		—	10

A 12 ſ. 9. Deniers la Marchandiſe.

Nombre	l	ſ	d
2 valent	1	5	6 d
3 valent	1	18	3 d
4 valent	2	11	—
5 valent	3	3	9 d
6 valent	3	16	6 d
7 valent	4	9	3 d
8 valent	5	2	—
9 valent	5	14	9 d
10 valent	6	7	6 d
11 valent	7	—	3 d
12 valent	7	13	—
13 valent	8	5	9 d
14 valent	8	18	6 d
15 valent	9	11	3 d
16 valent	10	4	—
17 valent	10	16	9 d
18 valent	11	9	6 d
19 valent	12	2	3 d
20 valent	12	15	—
21 valent	13	7	9 d
22 valent	14	—	6 d
23 valent	14	13	3 d
24 valent	15	6	—
25 valent	15	18	9 d
26 valent	16	11	6 d
27 valent	17	4	3 d
28 valent	17	17	—
29 valent	18	9	9 d
30 valent	19	2	6 d

Nombre	l	ſ	d
31	19	15	3
32	20	8	—
33	21	—	9
34	22	13	6
35	22	6	3
36	22	19	—
37	23	11	9
38	24	4	6
39	24	17	3
40	25	10	—
50	31	17	6
60	38	5	—
70	44	12	6
80	51	—	—
90	57	7	6
100	63	15	—
200	127	10	—
300	191	5	—
400	255	—	—
3. quarts		9	6
le demi		6	4
le quart		3	2
le 8me.		1	7
le 16me.		—	9
2. tiers		8	6
le tier		4	3
le 6me.		2	1
le 12me.		1	—
le 15.m		—	10

A 12. ſ 6. Deniers la Marchandiſe.

2 valent	1 l	5 ſ	— d	31	19 l	7 ſ	6
3 valent	1 l	17 ſ	6 d	32	20 l	— ſ	—
4 valent	2 l	10 ſ	— d	33	20 l	11 ſ	6
5 valent	3 l	2 ſ	6 d	34	21 l	5 ſ	—
6 valent	3 l	15 ſ	— d	35	21 l	17 ſ	6
7 valent	4 l	7 ſ	6 d	36	22 l	10 ſ	—
8 valent	5 l	— ſ	— d	37	23 l	2 ſ	6
9 valent	5 l	12 ſ	6 d	38	23 l	15 ſ	—
10 valent	6 l	5 ſ	— d	39	24 l	7 ſ	6
11 valent	6 l	17 ſ	6 d	40	25 l	— ſ	—
12 valent	7 l	10 ſ	— d	50	31 l	5 ſ	—
13 valent	8 l	2 ſ	6 d	60	37 l	10 ſ	—
14 valent	8 l	15 ſ	— d	70	43 l	15 ſ	—
15 valent	9 l	7 ſ	6 d	80	50 l	— ſ	—
16 valent	10 l	— ſ	— d	90	56 l	5 ſ	—
17 valent	10 l	12 ſ	6 d	100	62 l	10 ſ	—
18 valent	11 l	5 ſ	— d	200	125 l	— ſ	—
19 valent	11 l	17 ſ	6 d	300	187 l	10 ſ	—
20 valent	12 l	10 ſ	— d	400	250 l	— ſ	—
21 valent	13 l	2 ſ	6 d	3. quarts		9 ſ	4
22 valent	13 l	15 ſ	— d	le demi		6 ſ	3
23 valent	14 l	7 ſ	6 d	le quart		3 ſ	1
24 valent	15 l	— ſ	— d	le 8me.		1 ſ	6
25 valent	15 l	12 ſ	6 d	le 6me.		— ſ	9
26 valent	16 l	5 ſ	— d	2. tiers		8 ſ	4
27 valent	16 l	17 ſ	6 d	le tier		4 ſ	2
28 valent	17 l	10 ſ	— d	le 6me.		2	1
29 valent	18 l	2 ſ	6 d	le 12me.		1 ſ	—
30 valent	18 l	15 ſ	— d	le 15.me		— ſ	10

		l	ſ	d			l	ſ	
2 valent		1	5	6 d	31		19	15	3
3 valent		1	18	3 d	32		20	8	—
4 valent		2	11	—	33		21	—	9
5 valent		3	3	9 d	34		22	13	6
6 valent		3	16	6 d	35		22	6	3
7 valent		4	9	3 d	36		22	19	—
8 valent		5	2	—	37		23	11	9
9 valent		5	14	9 d	38		24	4	6
10 valent		6	7	6 d	39		24	17	3
11 valent		7	—	3 d	40		25	10	—
12 valent		7	13	—	50		31	17	6
13 valent		8	5	9 d	60		38	5	—
14 valent		8	18	6 d	70		44	12	6
15 valent		9	11	3 d	80		51	—	—
16 valent		10	4	—	90		57	7	6
17 valent		10	16	9 d	100		63	15	—
18 valent		11	9	6 d	200		127	10	—
19 valent		12	2	3 d	300		191	5	—
20 valent		12	15	—	400		255	—	—
21 valent		13	7	9 d	3. quarts		1	9	6
22 valent		14	—	6 d	le demi		1	6	4
23 valent		14	13	3 d	le quart		1	3	2
24 valent		15	6	—	le 8me.		1	1	7
25 valent		15	18	9 d	le 16me.		1	—	9
26 valent		16	11	6 d	2. tiers		1	8	6
27 valent		17	4	3 d	le tier		1	4	3
28 valent		17	17	—	le 6me.		1	2	1
29 valent		18	9	9 d	le 12me.		1	1	—
30 valent		19	2	6 d	le 15.m		1	—	10

A 13. ſols la Marchandiſe.

2 valent	1 l 6 ſ d	31	20 l 3 ſ
3 valent	1 l 19 ſ d	32	20 l 16 ſ
4 valent	2 l 12 ſ d	33	21 l 9 ſ
5 valent	3 l 5 ſ d	34	22 l 2 ſ
6 valent	3 l 18 ſ d	35	22 l 15 ſ
7 valent	4 l 11 ſ d	36	23 l 8 ſ
8 valent	5 l 4 ſ d	37	24 l 1 ſ
9 valent	5 l 17 ſ d	38	24 l 14 ſ
10 valent	6 l 10 ſ d	39	25 l 7 ſ
11 valent	7 l 3 ſ d	40	26 l — ſ
12 valent	7 l 16 ſ d	50	32 l 10 ſ
13 valent	8 l 9 ſ d	60	39 l — ſ
14 valent	9 l 2 ſ d	70	45 l 10 ſ
15 valent	9 l 15 ſ d	80	52 l — ſ
16 valent	10 l 8 ſ d	90	58 l 10 ſ
17 valent	11 l 1 ſ d	100	65 l — ſ
18 valent	11 l 14 ſ d	200	130 l — ſ
19 valent	12 l 7 ſ d	300	195 l — ſ
20 valent	13 l — ſ d	400	260 l — ſ
21 valent	13 l 13 ſ d	3 quars	l 9 ſ 9
22 valent	14 l 6 ſ d	le demi	l 6 ſ 6
23 valent	14 l 19 ſ d	le quart	l 3 ſ 3
24 valent	15 l 12 ſ d	le 8me.	l 1 ſ 7
25 valent	16 l 5 ſ d	le 16me.	l — ſ 9
26 valent	16 l 18 ſ d	2. tiers	l 8 ſ 8
27 valent	17 l 11 ſ d	le' tier	l 4 ſ 4
28 valent	18 l 4 ſ d	le 6me.	l 2 ſ 2
29 valent	18 l 17 ſ d	le 12me.	l 1 ſ 1
30 valent	19 l 10 ſ d	le 15.me	l — ſ 10

A 13. ſ. 3. Deniers la Marchandiſe.

	l	ſ	d
2 valent	1	6	6
3 valent	1	19	9
4 valent	2	13	—
5 valent	3	6	3
6 valent	3	19	6
7 valent	4	12	9
8 valent	5	6	—
9 valent	5	19	3
10 valent	6	12	6
11 valent	7	5	9
12 valent	7	19	—
13 valent	8	12	3
14 valent	9	5	6
15 valent	9	18	9
16 valent	10	12	—
17 valent	11	5	3
18 valent	11	18	6
19 valent	12	11	9
20 valent	13	5	—
21 valent	13	18	3
22 valent	14	11	6
23 valent	15	4	9
24 valent	15	18	—
25 valent	16	11	3
26 valent	17	4	6
27 valent	17	17	9
28 valent	18	11	—
29 valent	19	4	3
30 valent	19	17	6

	l	ſ	d
31	20	10	9
32	21	4	—
33	21	17	3
34	22	10	6
35	23	3	9
36	23	17	—
37	24	10	3
38	25	3	6
39	25	16	9
40	26	10	—
50	33	2	6
60	39	15	—
70	46	7	6
80	53	—	—
90	59	12	6
100	66	5	—
200	132	10	—
300	198	15	—
400	265	—	—
3. quarts		9	10
le demi		6	7
le quart		3	3
le 8.me		1	7
le 16.me		—	9
2. tiers		8	10
le tier		4	5
le 6.me		2	2
le 12.me		1	1
le 15.me		—	10

G

2 valent	1 l	7 ſ	— d	31	20 l	18 ſ	6
3 valent	2 l	— ſ	6 d	32	21 l	12 ſ	—
4 valent	2 l	14 ſ	— d	33	22 l	5 ſ	6
5 valent	3 l	7 ſ	6 d	34	22 l	19 ſ	—
6 valent	4 l	1 ſ	— d	35	23 l	12 ſ	6
7 valent	4 l	14 ſ	6 d	36	24 l	6 ſ	—
8 valent	5 l	8 ſ	— d	37	24 l	19 ſ	6
9 valent	6 l	1 ſ	6 d	38	25 l	13 ſ	—
10 valent	6 l	15 ſ	— d	39	26 l	6 ſ	6
11 valent	7 l	8 ſ	6 d	40	27 l	— ſ	—
12 valent	8 l	2 ſ	— d	50	33 l	15 ſ	—
13 valent	8 l	15 ſ	6 d	60	40 l	10 ſ	—
14 valent	9 l	9 ſ	— d	70	47 l	5 ſ	—
15 valent	10 l	2 ſ	6 d	80	54 l	— ſ	—
16 valent	10 l	16 ſ	— d	90	60 l	15 ſ	—
17 valent	11 l	9 ſ	6 d	100	67 l	10 l	—
18 valent	12 l	3 ſ	— d	200	135 l	— ſ	—
19 valent	12 l	16 ſ	6 d	300	202 l	10 ſ	—
20 valent	13 l	10 ſ	— d	400	270 l	— ſ	—
21 valent	14 l	3 ſ	6 d	3.quarts	1	10 ſ	1
22 valent	14 l	17 ſ	— d	le demi	1	6 ſ	9
23 valent	15 l	10 ſ	6 d	le quare	1	3 ſ	4
24 valent	16 l	4 ſ	— d	le 8me.	1	1 ſ	8
25 valent	16 l	17 ſ	6 d	le 16me.	1	— ſ	10
26 valent	17 l	11 ſ	— d	2.tiers	1	9 ſ	—
27 valent	18 l	4 ſ	6 d	le tier	1	4 ſ	6
28 valent	18 l	18 ſ	— d	le 6me.	1	2 ſ	3
29 valent	19 l	11 ſ	6 d	le 12me.	1	1 ſ	1
30 valent	20 l	5 ſ	— d	le 15me.	1	— ſ	10

A 13 ſ. 9 Deniers la Marchandiſe.

	l	ſ	d			l	ſ	d
2 valent	1	7	6		31	21	6	3
3 valent	2	1	3		32	22	—	—
4 valent	2	15	—		33	22	13	9
5 valent	3	8	9		34	23	7	6
6 valent	4	2	6		35	24	1	3
7 valent	4	16	3		36	24	15	—
8 valent	5	10	—		37	25	8	9
9 valent	6	3	9		38	26	2	6
10 valent	6	17	6		39	26	16	3
11 valent	7	11	3		40	27	10	—
12 valent	8	5	—		50	34	7	6
13 valent	8	18	9		60	41	5	—
14 valent	9	12	6		70	48	2	6
15 valent	10	6	3		80	55	—	—
16 valent	11	—	—		90	61	17	6
17 valent	11	13	9		100	68	15	—
18 valent	12	7	6		200	137	10	—
19 valent	13	1	3		300	206	5	—
20 valent	13	15	—		400	275	—	—
21 valent	14	8	9		3. quarts		10	3
22 valent	15	2	6		le demi		6	10
23 valent	15	16	3		le quart		3	5
24 valent	16	10	—		le 8.me		1	8
25 valent	17	3	9		le 16.me		—	10
26 valent	17	17	6		2. tiers.		9	2
27 valent	18	11	3		le tier		4	7
28 valent	19	5	—		le 6me.		2	3
29 valent	19	18	9		le 12.me		1	1
30 valent	20	12	6		le 15.me		—	11

G **

A 14. ſols la Marchandiſe.

2 valent	1 l	8 ſ	d	31	21 l	14 ſ		
3 valent	2 l	2 ſ	d	32	22 l	8 ſ		
4 valent	2 l	16 ſ	d	33	23 l	2 ſ		
5 valent	3 l	10 ſ	d	34	23 l	16 ſ		
6 valent	4 l	4 ſ		35	24 l	10 ſ		
7 valent	4 l	18 ſ	d	36	25 l	4 ſ		
8 valent	5 l	12 ſ	d	37	25 l	18 ſ		
9 valent	6 l	6 ſ	d	38	26 l	12 ſ		
10 valent	7 l	— ſ	d	39	27 l	6 ſ		
11 valent	7 l	14 ſ	d	40	28 l	— ſ		
12 valent	8 l	8 ſ	d	50	35 l	— ſ		
13 valent	9 l	2 ſ	d	60	42 l	— ſ		
14 valent	9 l	16 ſ	d	70	49 l	— ſ		
15 valent	10 l	10 ſ	d	80	56 l	— ſ		
16 valent	11 l	4 ſ	d	90	63 l	— ſ		
17 valent	11 l	18 ſ	d	100	70 l	— ſ		
18 valent	12 l	12 ſ	d	200	140 l	— ſ		
19 valent	13 l	6 ſ	d	300	210 l	— ſ		
20 valent	14 l	— ſ	d	400	280 l	— ſ		
21 valent	14 l	14 ſ	d	3. quarts	1	10 ſ	6	
22 valent	15 l	8 ſ	d	le demi	1	7 ſ	—	
23 valent	16 l	2 ſ	d	le quart	1	3 ſ	6	
24 valent	16 l	16 ſ	d	le 8.me	1	1 ſ	9	
25 valent	17 l	10 ſ	d	le 16.me	1	— ſ	10	
26 valent	18 l	4 ſ	d	2.tie s	1	9 ſ	4	
27 valent	18 l	18 ſ	d	le tier	1	4 ſ	8	
28 valent	19 l	12 ſ	d	le 6.me	1	2 ſ	4	
29 valent	20 l	6 ſ	d	le 12.me	1	1 ſ	2	
30 valent	21 l	— ſ	d	le 15.me	1	— ſ	11	

A 14 ſ. 3. Deniers la Marchandiſe.

Qté	l	ſ	d
2 valent	1	8	6
3 valent	2	2	9
4 valent	2	17	—
5 valent	3	11	3
6 valent	4	5	6
7 valent	4	19	9
8 valent	5	14	—
9 valent	6	8	3
10 valent	7	2	6
11 valent	7	16	9
12 valent	8	11	—
13 valent	9	5	3
14 valent	9	19	6
15 valent	10	13	9
16 valent	11	8	—
17 valent	12	2	3
18 valent	12	16	6
19 valent	13	10	9
20 valent	14	5	—
21 valent	14	19	3
22 valent	15	13	6
23 valent	16	7	9
24 valent	17	2	—
25 valent	17	16	3
26 valent	18	10	6
27 valent	19	4	9
28 valent	19	19	—
29 valent	20	13	3
30 valent	21	7	6

	l	ſ	d
31	22	1	9
32	22	16	—
33	23	10	3
34	24	4	6
35	24	18	9
36	25	13	—
37	26	7	3
38	27	1	6
39	27	15	9
40	28	10	—
50	35	12	6
60	42	15	—
70	49	17	6
80	57	—	—
90	64	2	6
100	71	5	—
200	142	10	—
300	213	15	—
400	285	—	—
3. quarts	l	10	7
le demi	l	7	1
le quart	l	3	6
le 8me.	l	1	9
le 16me.	l	—	10
2. tiers	l	9	6
le tier	l	4	9
le 6me.	l	2	4
le 12me.	l	1	2
le 15 me	l	—	11

G ***

A 14 ſ 6. Deniers la Marchandiſe..

	valent	l	ſ	d
2	valent	1	9	—
3	valent	2	3	6 d
4	valent	2	18	—
5	valent	3	12	6 d
6	valent	4	7	
7	valent	5	1	6 d
8	valent	5	16	—
9	valent	6	10	6 d
10	valent	7	5	—
11	valent	7	19	6 d
12	valent	8	14	—
13	valent	9	8	6 d
14	valent	10	3	—
15	valent	10	17	6 d
16	valent	11	12	—
17	valent	12	6	6 d
18	valent	13	1	—
19	valent	13	15	6 d
20	valent	14	10	—
21	valent	15	4	6 d
22	valent	15	19	—
23	valent	16	13	6 d
24	valent	17	8	—
25	valent	18	2	6 d
26	valent	18	17	—
27	valent	19	11	6 d
28	valent	20	6	—
29	valent	21	—	6 d
30	valent	21	15	—

	l	ſ	d
31	22	9	6
32	23	4	—
33	23	18	6
34	24	13	—
35	25	7	6
36	26	2	—
37	26	16	6
38	27	11	—
39	28	5	6
40	29	—	—
50	36	5	—
60	43	10	—
70	50	15	—
80	58	—	—
90	65	5	—
100	72	10	—
200	145	—	—
300	2.7	10	—
400	290	—	—
3. quarts	1	10	10
le demi	1	7	3
le quart	1	3	7
le 8.me	1	1	9
le 16.me	1	—	10
2. tiers	1	9	8
le tier	1	4	10
le 6.me	1	2	5
le 12.me	1	1	2
le 15.me	1	—	11

A 14 ſ. 9 Deniers la Marchandiſe

	l	ſ	d		l	ſ	d
2 valent	1	9	6	31	22	17	3
3 valent	2	4	3	32	23	12	—
4 valent	2	19	—	33	24	6	9
5 valent	3	13	9	34	25	1	6
6 valent	4	8	6	35	25	16	3
7 valent	5	3	3	36	26	11	—
8 valent	5	18	—	37	27	5	9
9 valent	6	12	9	38	28	—	6
10 valent	7	7	6	39	28	15	3
11 valent	8	2	3	40	29	10	—
12 valent	8	17	—	50	36	17	6
13 valent	9	11	9	60	44	5	—
14 valent	10	6	6	70	51	12	6
15 valent	11	1	3	80	59	—	—
16 valent	11	16	—	90	66	7	6
17 valent	12	10	9	100	73	15	—
18 valent	13	5	6	200	147	10	—
19 valent	14	—	3	300	221	5	—
20 valent	14	15	—	400	295	—	—
21 valent	15	9	9	3. quarts		11	—
22 valent	16	4	6	le demi		7	4
23 valent	16	19	3	le quart		3	8
24 valent	17	14	—	le 8me.		1	10
25 valent	18	8	9	le 16me.		—	10
26 valent	19	3	6	2. Tiers		9	11
27 valent	19	18	3	le Tier		4	11
28 valent	20	13	—	le 6me.		2	5
29 valent	21	7	9	le 12.me		1	2
30 valent	22	2	6	le 15.me		—	11

A 15 ſols la Marchandiſe

		l	ſ	d
2	valent	1	10	d
3	valent	2	5	d
4	valent	3	—	d
5	valent	3	15	d
6	valent	4	10	d
7	valent	5	5	d
8	valent	6	—	d
9	valent	6	15	d
10	valent	7	10	d
11	valent	8	5	d
12	valent	9	—	d
13	valent	9	15	d
14	valent	10	10	d
15	valent	11	5	d
16	valent	12	—	d
17	valent	12	15	d
18	valent	13	10	d
19	valent	14	5	d
20	valent	15	—	d
21	valent	15	15	d
22	valent	16	10	d
23	valent	17	5	d
24	valent	18	—	d
25	valent	18	15	d
26	valent	19	10	d
27	valent	20	5	d
28	valent	21	—	d
29	valent	21	15	d
30	valent	22	10	d

	l	ſ
31	23	5
32	24	—
33	24	15
34	25	10
35	26	5
36	27	—
37	27	15
38	28	10
39	29	5
40	30	—
50	37	10
60	45	—
70	52	10
80	60	—
90	67	10
100	75	—
200	150	—
300	225	—
400	300	—

	l	ſ	d
3. quars		11	3
le demi		7	6
le quart		3	9
le 8me.		1	10
le 16me.		—	11
2. tiers		10	—
le tier		5	—
le 6me.		2	6
le 12me.		1	3
le 15.me		1	—

	l	ſ	d
2 valent	1	10	6
3 valent	2	5	9
4 valent	3	1	—
5 valent	3	16	3
6 valent	4	11	6
7 valent	5	6	9
8 valent	6	2	—
9 valent	6	17	3
10 valent	7	12	6
11 valent	8	7	9
12 valent	9	3	—
13 valent	9	18	3
14 valent	10	13	6
15 valent	11	8	9
16 valent	12	4	—
17 valent	12	19	3
18 valent	13	14	6
19 valent	14	9	9
20 valent	15	5	—
21 valent	16	—	3
22 valent	16	15	6
23 valent	17	10	9
24 valent	18	6	—
25 valent	19	1	3
26 valent	19	16	6
27 valent	20	11	9
28 valent	21	7	—
29 valent	22	2	3
30 valent	22	17	6

	l	ſ	d
31	23	12	9
32	24	8	—
33	25	3	3
34	25	18	6
35	26	13	9
36	27	9	—
37	28	4	3
38	28	19	6
39	29	14	9
40	30	10	—
50	38	2	6
60	45	15	—
70	53	7	6
80	61	—	—
90	68	12	6
100	76	5	—
200	152	10	—
300	228	15	—
400	305	—	—
3 quarts	1	1	4
le demi		7	7
le quart		3	9
le 8me.		1	10
le 16me.		—	11
1. Tiers		10	2
le tier		5	1
le 6me.		2	6
le 12me.		1	3
le 15.me		1	—

A 15. ſ. 6. Deniers la Marchandiſe.

	l	ſ	d			l	ſ	d
2 valent	1	11	—	31	24	—	ſ	6
3 valent	2	6	6	32	24	16	ſ	—
4 valent	3	2	—	33	25	11	ſ	6
5 valent	3	17	6	34	26	7	ſ	—
6 valent	4	13	—	35	27	2	ſ	6
7 valent	5	8	6	36	27	18	ſ	—
8 valent	6	4	—	37	28	13	ſ	6
9 valent	6	19	6	38	29	9	ſ	—
10 valent	7	15	—	39	30	4	ſ	6
11 valent	8	10	6	40	31	—	ſ	—
12 valent	9	6	—	50	38	15	ſ	—
13 valent	10	1	6	60	46	10	ſ	—
14 valent	10	17	—	70	54	5	ſ	—
15 valent	11	12	6	80	62	—	ſ	—
16 valent	12	8	—	90	69	15	ſ	—
17 valent	13	3	6	100	77	10	ſ	—
18 valent	13	19	—	200	155	—	ſ	—
19 valent	14	14	6	300	232	10	ſ	—
20 valent	15	10	—	400	310	—	ſ	—
21 valent	16	5	6	3. quarts		11	ſ	7
22 valent	17	1	—	le demi		7	ſ	9
23 valent	17	16	6	le quart		3	ſ	10
24 valent	18	12	—	le 8me.		1	ſ	11
25 valent	19	7	6	le 6me.		—	ſ	11
26 valent	20	3	—	2. tiers		10	ſ	4
27 valent	20	18	6	le tier		5	ſ	2
28 valent	21	14	—	le 6me.		2	ſ	7
29 valent	22	9	6	le 12me.		1	ſ	3
30 valent	23	5	—	le 15.me		1	ſ	—

A 15 ſ. 9 Deniers la Marchandiſe.

	l	ſ	d			l	ſ	d
2 valent	1	11	6 d	31		24	8	3
3 valent	2	7	3 d	32		25	4	—
4 valent	3	3	—	33		25	19	9
5 valent	3	18	9 d	34		26	15	6
6 valent	4	14	6 d	35		27	11	3
7 valent	5	10	3 d	36		28	7	—
8 valent	6	6	—	37		29	2	9
9 valent	7	1	9 d	38		29	18	6
10 valent	7	17	6 d	39		30	14	3
11 valent	8	13	3 d	40		31	10	—
12 valent	9	9	—	50		39	7	6
13 valent	10	4	9 d	60		47	5	—
14 valent	11	—	6 d	70		55	2	6
15 valent	11	16	3 d	80		63	—	—
16 valent	12	12	—	90		70	17	6
17 valent	13	7	9 d	100		78	15	—
18 valent	14	3	6 d	200		157	10	—
19 valent	14	19	3 d	300		236	5	—
20 valent	15	15	—	400		315	—	—
21 valent	16	10	9 d	3.quarts			11	9
22 valent	17	6	6 d	le demi			7	10
23 valent	18	2	3 d	le quart			3	11
24 valent	18	18	—	le 8me.			1	11
25 valent	19	13	9 d	le 16me.			—	11
26 valent	20	9	6 d	2.tiers			10	6
27 valent	21	5	3 d	le tier			5	3
28 valent	22	1	—	le 6me.			2	7
29 valent	22	16	9 d	le 12me.			1	3
30 valent	23	12	6 d	le 15.m			1	—

A 16. sols la Marchandise.

2 valent	1 l	12 s		31	24 l	16 s
3 valent	2 l	8 s	d	32	25 l	12 s
4 valent	3 l	4 s	d	33	26 l	8 s
5 valent	4 l	— s	d	34	27 l	4 s
6 valent	4 l	16 s	d	35	28 l	— s
7 valent	5 l	12 s	d	36	28 l	16 s
8 valent	6 l	8 s	d	37	29 l	12 s
9 valent	7 l	4 s	d	38	30 l	8 s
10 valent	8 l	— s	d	39	31 l	4 s
11 valent	8 l	16 s	d	40	32 l	— s
12 valent	9 l	12 s	d	50	40 l	— s
13 valent	10 l	8 s	d	60	48 l	— s
14 valent	11 l	4 s	d	70	56 l	— s
15 valent	12 l	— s	d	80	64 l	— s
16 valent	12 l	16 s	d	90	72 l	— s
17 valent	13 l	12 s	d	100	80 l	— s
18 valent	14 l	8 s	d	200	160 l	— s
19 valent	15 l	4 s	d	300	240 l	— s
20 valent	16 l	— s	d	400	320 l	— s
21 valent	16 l	16 s	d	3 quars	1	12 s —
22 valent	17 l	12 s	d	*le demi*	1	8 s —
23 valent	18 l	8 s	d	*le quart*	1	4 s —
24 valent	19 l	4 s	d	*le 8me.*	1	2 s —
25 valent	20 l	— s	d	*le 16me.*	1	1 s —
26 valent	20 l	16 s	d	*2. tiers*	1	10 s 8
27 valent	21 l	12 s	d	*le tier*	1	5 s 4
28 valent	22 l	8 s	d	*le 6me.*	1	2 s 8
29 valent	23 l	4 s	d	*le 12me.*	1	1 s 4
30 valent	24 l	— s	d	*le 15.me*	1	1 s —

A° 16 ſ. 3. Deniers la Marchandiſe.

	l	ſ	d			l	ſ	d
2 valent	1	12	6	31	25	3	9	
3 valent	2	8	9	32	26	—	—	
4 valent	3	5	—	33	26	16	3	
5 valent	4	1	3	34	27	12	6	
6 valent	4	17	6	35	28	8	9	
7 valent	5	13	9	36	29	5	—	
8 valent	6	10	—	37	30	1	3	
9 valent	7	6	3	38	30	17	6	
10 valent	8	2	6	39	31	13	9	
11 valent	8	18	9	40	32	10	—	
12 valent	9	15	—	50	40	12	6	
13 valent	10	11	3	60	48	15	—	
14 valent	11	7	6	70	56	17	6	
15 valent	12	3	9	80	65	—	—	
16 valent	13	—	—	90	73	2	6	
17 valent	13	16	3	100	81	5	—	
18 valent	14	12	6	200	162	10	—	
19 valent	15	8	9	300	243	15	—	
20 valent	16	5	—	400	325	—	—	
21 valent	17	1	3	3. quarts		12	1	
22 valent	17	17	6	le demi		8	1	
23 valent	18	13	9	le quart		4	—	
24 valent	19	10	—	le 8.me		2	—	
25 valent	20	6	3	le 16.me		1	—	
26 valent	21	2	6	2. tiers		10	10	
27 valent	21	18	9	le tier		5	5	
28 valent	22	15	—	le 6.me		2	8	
29 valent	23	11	3	le 12.me		1	4	
30 valent	24	7	6	le 15.me		1	1	

H

		l	ſ	d		l	ſ	d
2	valent	1	13	—	31	25	11	6
3	valent	2	9	6	32	26	8	—
4	valent	3	6	—	33	27	4	6
5	valent	4	2	6	34	28	1	—
6	valent	4	19	—	35	28	17	6
7	valent	5	15	6	36	29	14	—
8	valent	6	12	—	37	30	10	6
9	valent	7	8	6	38	31	7	—
10	valent	8	5	—	39	32	3	6
11	valent	9	1	6	40	33	—	—
12	valent	9	18	—	50	41	5	—
13	valent	10	14	6	60	49	10	—
14	valent	11	11	—	70	57	15	—
15	valent	12	7	6	80	66	—	—
16	valent	13	4	—	90	74	5	—
17	valent	14	—	6	100	82	10	—
18	valent	14	17	—	200	165	—	—
19	valent	15	13	6	300	247	10	—
20	valent	16	10	—	400	330	—	—
21	valent	17	6	6	3. quarts	1	12	4
22	valent	18	3	—	le demi	1	8	3
23	valent	18	19	6	le quart	1	4	1
24	valent	19	16	—	le 8me.	1	2	—
25	valent	20	12	6	le 16me.	1	1	—
26	valent	21	9	—	2. tiers	1	11	
27	valent	22	5	6	le tier	1	5	6
28	valent	23	2	—	le 6me.	1	2	9
29	valent	23	18	6	le 12me.	1	1	4
30	valent	24	15	—	le 15me.	1	1	1

A' 16 ſ. 9. Deniers la Marchandiſe.

	l	ſ	d		l	ſ	d
2 valent	1	13	6	31	25	19	3
3 valent	2	10	3	32	26	16	—
4 valent	3	7	—	33	27	12	9
5 valent	4	3	9	34	28	9	6
6 valent	5	—	6	35	29	6	3
7 valent	5	17	3	36	30	3	—
8 valent	6	14	—	37	30	19	9
9 valent	7	10	9	38	31	16	6
10 valent	8	7	6	39	32	13	3
11 valent	9	4	3	40	33	10	—
12 valent	10	1	—	50	41	17	6
13 valent	10	17	9	60	50	5	—
14 valent	11	14	6	70	58	12	6
15 valent	12	11	3	80	67	—	—
16 valent	13	8	—	90	75	7	6
17 valent	14	4	9	100	83	15	—
18 valent	15	1	6	200	167	10	—
19 valent	15	18	3	300	251	5	—
20 valent	16	15	—	400	335	—	—
21 valent	17	11	9	3.quarts		12	6
22 valent	18	8	6	le demi		8	4
23 valent	19	5	3	le quart		4	2
24 valent	20	2	—	le 8.me		2	1
25 valent	20	18	9	le 16.me		1	—
26 valent	21	15	6	2.tiers.		11	2
27 valent	22	12	3	le tier		5	7
28 valent	23	9	—	le 6.me		2	9
29 valent	24	5	9	le 12.me		1	4
30 valent	25	2	6	le 15.me		1	1

H **

A 17. ſols la Marchandiſe.

	l	ſ	d		l	ſ
2 valent	1	14	d	31	26	7
3 valent	2	11	d	32	27	4
4 valent	3	8	d	33	28	1
5 valent	4	5	d	34	28	18
6 valent	5	2		35	29	15
7 valent	5	19	d	36	30	12
8 valent	6	16	d	37	31	9
9 valent	7	13	d	38	32	6
10 valent	8	10	d	39	33	3
11 valent	9	7	d	40	34	—
12 valent	10	4	d	50	42	10
13 valent	11	1	d	60	51	—
14 valent	11	18	d	70	59	10
15 valent	12	15	d	80	68	—
16 valent	13	12	d	90	76	10
17 valent	14	9	d	100	85	—
18 valent	15	6	d	200	170	—
19 valent	16	3	d	300	255	—
20 valent	17	—	d	400	340	—
21 valent	17	17	d	3. quarts	12	9
22 valent	18	14	d	le demi	8	6
23 valent	19	11	d	le quart	4	3
24 valent	20	8	d	le 8.me	2	1
25 valent	21	5	d	le 16 me	1	—
26 valent	22	2	d	2.tie's	11	4
27 valent	22	19	d	le tier	5	8
28 valent	23	16	d	le 6.me	2	10
29 valent	24	13	d	le 12.me	1	5
30 valent	25	10	d	le 15.me	1	1

A 17 ſ. 3. Deniers la Marchandiſe.

	l	ſ	d
2 valent	1	14	6
3 valent	2	11	9
4 valent	3	9	—
5 valent	4	6	3
6 valent	5	3	6
7 valent	6	—	9
8 valent	6	18	—
9 valent	7	15	3
10 valent	8	12	6
11 valent	9	9	9
12 valent	10	7	—
13 valent	11	4	3
14 valent	12	1	6
15 valent	12	18	9
16 valent	13	16	—
17 valent	14	13	3
18 valent	15	10	6
19 valent	16	7	9
20 valent	17	5	—
21 valent	18	2	3
22 valent	18	19	6
23 valent	19	16	9
24 valent	20	14	—
25 valent	23	11	3
26 valent	22	8	6
27 valent	23	5	9
28 valent	24	3	—
29 valent	25	—	3
30 valent	25	17	6

	l	ſ	d
31	26	14	9
32	27	12	—
33	28	9	3
34	29	6	6
35	30	3	9
36	31	1	—
37	31	18	3
38	32	15	6
39	33	12	9
40	34	10	—
50	43	2	6
60	51	15	—
70	60	7	6
80	69	—	—
90	77	12	6
100	86	5	—
200	172	10	—
300	258	15	—
400	345	—	—
3 quarts		12	10
le demi		8	7
le quart		4	3
le 8me.		2	1
le 16me.		1	—
2. tiers		11	6
le tier		5	9
le 6me.		2	10
le 12me.		1	5
le 15me		1	1

H ***

A 17. ſ. 6. *Deniers* la Marchandiſe.

2 valent	1 l	15 ſ	—		31	27 l	2 ſ	6
3 valent	2 l	12 ſ	6 d		32	28 l	— ſ	—
4 valent	3 l	10 ſ	—		33	28 l	17 ſ	6
5 valent	4 l	7 ſ	6 d		34	29 l	15 ſ	—
6 valent	5 l	5 ſ	—		35	30 l	12 ſ	6
7 valent	6 l	2 ſ	6 d		36	31 l	10 ſ	—
8 valent	7 l	— ſ	—		37	32 l	7 ſ	6
9 valent	7 l	17 ſ	6 d		38	33 l	5 ſ	—
10 valent	8 l	15 ſ	—		39	34 l	2 ſ	6
11 valent	9 l	12 ſ	6 d		40	35 l	— ſ	—
12 valent	10 l	10 ſ	—		50	43 l	15 ſ	—
13 valent	11 l	7 ſ	6 d		60	52 l	10 ſ	—
14 valent	12 l	5 ſ	—		70	61 l	5 ſ	—
15 valent	13 l	2 ſ	6 d		80	70 l	— ſ	—
16 valent	14 l	— ſ	—		90	78 l	15 ſ	—
17 valent	14 l	17 ſ	6 d		100	87 l	10 ſ	—
18 valent	15 l	15 ſ	—		200	175 l	— ſ	—
19 valent	16 l	12 ſ	6 d		300	262 l	10 ſ	—
20 valent	17 l	10 ſ	—		400	350 l	— ſ	—
21 valent	18 l	7 ſ	6 d		*3. quarts*	l	13 ſ	1
22 valent	19 l	5 ſ	—		*le demi*	l	8 ſ	9
23 valent	20 l	2 ſ	6 d		*le quart*	l	4 ſ	4
24 valent	21 l	— ſ	—		*le 8me.*	l	2 ſ	2
25 valent	21 l	17 ſ	6 d		*le 16me.*	l	1 ſ	1
26 valent	22 l	15 ſ	—		*2. tiers*	l	11 ſ	8
27 valent	23 l	12 ſ	6 d		*le tiers*	l	5 ſ	10
28 valent	24 l	10 ſ	—		*le 6me.*	l	2 ſ	11
29 valent	25 l	7 ſ	6 d		*le 12me.*	l	1 ſ	5
30 valent	26 l	5 ſ	—		*le 19.me*	l	1 ſ	2

A 17.ſ.9.Deniers la Marchandiſe

	l	ſ	d		l	ſ	d
2 valent	1	15	6	31	27	10	3
3 valent	2	13	3	32	28	8	—
4 valent	3	11	—	33	29	5	9
5 valent	4	8	9	34	30	3	6
6 valent	5	6	6	35	31	1	3
7 valent	6	4	3	36	31	19	—
8 valent	7	2	—	37	32	16	9
9 valent	7	19	9	38	33	14	6
10 valent	8	17	6	39	34	12	3
11 valent	9	15	3	40	35	10	—
12 valent	10	13	—	50	44	7	6
13 valent	11	10	9	60	53	5	—
14 valent	12	8	6	70	62	2	6
15 valent	13	6	3	80	71	—	—
16 valent	14	4	—	90	79	17	6
17 valent	15	1	9	100	88	15	—
18 valent	15	19	6	200	177	10	—
19 valent	16	17	3	300	266	5	—
20 valent	17	15	—	400	355	—	—
21 valent	18	12	9	3. quarts		13	3
22 valent	19	10	6	le demi		8	10
23 valent	20	8	3	le quart		4	5
24 valent	21	6	—	le 8me.		2	2
25 valent	22	3	9	le 16me.		1	1
26 valent	23	1	6	2. Tiers		11	10
27 valent	23	19	3	le Tier		5	11
28 valent	24	17	—	le 6me.		2	11
29 valent	25	14	9	le 12.me		1	5
30 valent	26	12	6	le 15.me		1	2

		£	s	
2 valent	1	16	ſ	d
3 valent	2	14	ſ	d
4 valent	3	12	ſ	d
5 valent	4	10	ſ	d
6 valent	5	8	ſ	d
7 valent	6	6	ſ	d
8 valent	7	4	ſ	d
9 valent	8	2	ſ	d
10 valent	9	—	ſ	d
11 valent	9	18	ſ	d
12 valent	10	16	ſ	d
13 valent	11	14	ſ	d
14 valent	12	12	ſ	d
15 valent	13	10	ſ	d
16 valent	14	8	ſ	d
17 valent	15	6	ſ	d
18 valent	16	4	ſ	d
19 valent	17	2	ſ	d
20 valent	18	—	ſ	d
21 valent	18	18	ſ	d
22 valent	19	16	ſ	d
23 valent	20	14	ſ	d
24 valent	21	12	ſ	d
25 valent	22	10	ſ	d
26 valent	23	8	ſ	d
27 valent	24	6	ſ	d
28 valent	25	4	ſ	d
29 valent	26	2	ſ	d
30 valent	27	—	ſ	d

		£	s	
31	27	18	ſ	
32	28	16	ſ	
33	29	14	ſ	
34	30	12	ſ	
35	31	10	ſ	
36	32	8	ſ	
37	33	6	ſ	
38	34	4	ſ	
39	35	2	ſ	
40	36	—	ſ	
50	45	—	ſ	
60	54	—	ſ	
70	63	—	ſ	
80	72	—	ſ	
90	81	—	ſ	
100	90	—	ſ	
200	180	—	ſ	
300	270	—	ſ	
400	360	—	ſ	
3. quars	1	13	ſ	6
le demi	1	9	ſ	—
le quart	1	4	ſ	6
le 8me.	1	2	ſ	3
le 16me.	1	1	ſ	1
2. tiers	1	12	ſ	—
le tier	1	6	ſ	—
le 6me.	1	3	ſ	—
le 12me.	1	1	ſ	6
le 15.me	1	1	ſ	2

A 18. ſ. 3. Deniers la Marchandiſe.

2 valent	1 l	16 ſ	6 d		31	28 l	5 ſ	9
3 valent	2 l	14 ſ	9 d		32	29 l	4 ſ	—
4 valent	3 l	13 ſ	— d		33	30 l	2 ſ	3
5 valent	4 l	11 ſ	3 d		34	31 l	— ſ	6
6 valent	5 l	9 ſ	6 d		35	31 l	18 ſ	9
7 valent	6 l	7 ſ	9 d		36	32 l	17 ſ	—
8 valent	7 l	6 ſ	— d		37	33 l	15 ſ	3
9 valent	8 l	4 ſ	3 d		38	34 l	13 ſ	6
10 valent	9 l	2 ſ	6 d		39	35 l	11 ſ	9
11 valent	10 l	— ſ	9 d		40	36 l	10 ſ	—
12 valent	10 l	19 ſ	— d		50	45 l	12 ſ	6
13 valent	11 l	17 ſ	3		60	54 l	15 ſ	—
14 valent	12 l	15 ſ	6 d		70	63 l	17 ſ	6
15 valent	13 l	13 ſ	9 d		80	73 l	— ſ	—
16 valent	14 l	12 ſ	— d		90	82 l	2 ſ	6
17 valent	15 l	10 ſ	3 d		100	91 l	5 ſ	—
18 valent	16 l	8 ſ	6 d		200	182 l	10 ſ	—
19 valent	17 l	6 ſ	9 d		300	273 l	15 ſ	—
20 valent	18 l	5 ſ	— d		400	365 l	— ſ	—
21 valent	19 l	3 ſ	3 d		3 quarts	l	13 ſ	7
22 valent	20 l	1 ſ	6 d		le demi	l	9 ſ	1
23 valent	20 l	19 ſ	9 d		le quart	l	4 ſ	6
24 valent	21 l	18 ſ	— d		le 8me.	l	2 ſ	3
25 valent	22 l	16 ſ	3 d		le 16me.	l	1 ſ	1
26 valent	23 l	14 ſ	6 d		2. Tiers	l	12 ſ	2
27 valent	24 l	12 ſ	9 d		le tier	l	6 ſ	1
28 valent	25 l	11 ſ	— d		le 6me.		3 ſ	—
29 valent	26 l	9 ſ	3 d		le 12me.	l	1 ſ	6
30 valent	27 l	7 ſ	6 d		le 15.me	l	1 ſ	2

A 18. ſ. 6. Deniers la Marchandiſe.

	l	ſ	d			l	ſ	d
2 valent	1	17	—	31	28	13	6	
3 valent	2	15	6	32	29	12	—	
4 valent	3	14	—	33	30	10	6	
5 valent	4	12	6	34	31	9	—	
6 valent	5	11	—	35	32	7	6	
7 valent	6	9	6	36	33	6	—	
8 valent	7	8	—	37	34	4	6	
9 valent	8	6	6	38	35	3	—	
10 valent	9	5	—	39	36	1	6	
11 valent	10	3	6	40	37	—	—	
12 valent	11	2	—	50	46	5	—	
13 valent	12	—	6	60	55	10	—	
14 valent	12	19	—	70	64	15	—	
15 valent	13	17	6	80	74	—	—	
16 valent	14	16	—	90	83	5	—	
17 valent	15	14	6	100	92	10	—	
18 valent	16	13	—	200	185	—	—	
19 valent	17	11	6	300	277	10	—	
20 valent	18	10	—	400	370	—	—	
21 valent	19	8	6	3. quarts		13	10	
22 valent	20	7	—	le demi		9	3	
23 valent	21	5	6	le quart		4	7	
24 valent	22	4	—	le 8me.		2	3	
25 valent	23	2	6	le 6me.		1	1	
26 valent	24	1	—	2. tiers		12	4	
27 valent	24	19	6	le tier		6	2	
28 valent	25	18	—	le 6me.		3	1	
29 valent	26	16	6	le 12me.		1	6	
30 valent	27	15	—	le 15.me		1	2	

A 18. ſ. 9. Deniers la Marchandiſe.

	l	ſ	d
2 valent	1	17	6
3 valent	2	16	3
4 valent	3	15	—
5 valent	4	13	9
6 valent	5	12	6
7 valent	6	11	3
8 valent	7	10	—
9 valent	8	8	9
10 valent	9	7	6
11 valent	10	6	3
12 valent	11	5	—
13 valent	12	3	9
14 valent	13	2	6
15 valent	14	1	3
16 valent	15	—	—
17 valent	15	18	9
18 valent	16	17	6
19 valent	17	16	3
20 valent	18	15	—
21 valent	19	13	9
22 valent	20	12	6
23 valent	21	11	3
24 valent	22	10	—
25 valent	23	8	9
26 valent	24	7	6
27 valent	25	6	3
28 valent	26	5	—
29 valent	27	3	9
30 valent	28	2	6

	l	ſ	d
31	29	1	3
32	30	—	—
33	30	18	9
34	31	17	6
35	32	16	3
36	33	15	—
37	34	13	9
38	35	12	6
39	36	11	3
40	37	10	—
50	46	17	6
60	56	5	—
70	65	12	6
80	75	—	—
90	84	7	6
100	93	15	—
200	187	10	—
300	281	5	—
400	375	—	—
3. quarts		14	—
le demi		9	4
le quart		4	8
le 8me.		2	4
le 16me.		1	2
2. tiers		12	6
le tier		6	3
le 6me.		3	1
le 12me.		1	6
le 15.m		1	3

A 19. ſols la Marchandiſe.

2 valent	1 l	18 ſ			
3 valent	2 l	17 ſ			
4 valent	3 l	16 ſ			
5 valent	4 l	15 ſ			
6 valent	5 l	14 ſ			
7 valent	6 l	13 ſ			
8 valent	7 l	12 ſ			
9 valent	8 l	11 ſ			
10 valent	9 l	10 ſ			
11 valent	10 l	9 ſ			
12 valent	11 l	8 ſ			
13 valent	12 l	7 ſ			
14 valent	13 l	6 ſ			
15 valent	14 l	5 ſ			
16 valent	15 l	4 ſ			
17 valent	16 l	3 ſ			
18 valent	17 l	2 ſ			
19 valent	18 l	1 ſ			
20 valent	19 l	— ſ			
21 valent	19 l	19 ſ			
22 valent	20 l	18 ſ			
23 valent	21 l	17 ſ			
24 valent	22 l	16 ſ			
25 valent	23 l	15 ſ			
26 valent	24 l	14 ſ			
27 valent	25 l	13 ſ			
28 valent	26 l	12 ſ			
29 valent	27 l	11 ſ			
30 valent	28 l	10 ſ			

d	31	29 l	9 ſ	
d	32	30 l	8 ſ	
d	33	31 l	7 ſ	
d	34	32 l	6 ſ	
d	35	33 l	5 ſ	
d	36	34 l	4 ſ	
d	37	35 l	3 ſ	
d	38	36 l	2 ſ	
d	39	37 l	1 ſ	
d	40	38 l	— ſ	
d	50	47 l	10 ſ	
d	60	57 l	— ſ	
d	70	66 l	10 ſ	
d	80	76 l	— ſ	
d	90	85 l	10 ſ	
d	100	95 l	— ſ	
d	200	190 l	— ſ	
d	300	285 l	— ſ	
d	400	380 l	— ſ	
d	3 quars	1 l	14 ſ	3
d	le demi	1 l	9 ſ	6
d	le quart	1 l	4 ſ	9
d	le 8me.	1 l	2 ſ	4
d	le 16me.	1 l	1 ſ	2
d	2. tiers	1 l	12 ſ	8
d	le tier	1 l	6 ſ	4
d	le 6me.	1 l	3 ſ	2
d	le 12me.	1 l	1 ſ	7
d	le 15.me	1 l	1 ſ	3

2 valent	2 l		31	31 l	ſ
3 valent	3 l		32	32 l	ſ
4 valent	4 l		33	33 l	ſ
5 valent	5 l		34	34 l	ſ
6 valent	6 l		35	35 l	ſ
7 valent	7 l		36	36 l	ſ
8 valent	8 l		37	37 l	ſ
9 valent	9 l		38	38 l	ſ
10 valent	10 l		39	39 l	ſ
11 valent	11 l		40	40 l	ſ
12 valent	12 l		50	50 l	ſ
13 valent	13 l		60	60 l	ſ
14 valent	14 l		70	70 l	ſ
15 valent	15 l		80	80 l	ſ
16 valent	16 l		90	90 l	ſ
17 valent	17 l		100	100 l	ſ
18 valent	18 l		200	200 l	ſ
19 valent	19 l		300	300 l	ſ
20 valent	20 l		400	400 l	ſ
21 valent	21 l		3. quarts	l 15 ſ —
22 valent	22 l		le demi	l 10 ſ —
23 valent	23 l		le quart	l 5 ſ —
24 valent	24 l		le 8.me	l 2 ſ 6
25 valent	25 l		le 16.me	l 1 ſ 3
26 valent	26 l		2.tiers	l 13 ſ 4
27 valent	27 l		le tier	l 6 ſ 8
28 valent	28 l		le 6.me	l 3 ſ 4
29 valent	29 l		le 12.me	l 1 ſ 8
30 valent	30 l		le 15.me	l 1 ſ 4

A 21. ſols la Marchandiſe.

2 valent	2 l	2 ſ		31	32 l	11 ſ	
3 valent	3 l	3 ſ		32	33 l	12 ſ	
4 valent	4 l	4 ſ		33	34 l	13 ſ	
5 valent	5 l	5 ſ		34	35 l	14 ſ	
6 valent	6 l	6 ſ		35	36 l	15 ſ	
7 valent	7 l	7 ſ		36	37 l	16 ſ	
8 valent	8 l	8 ſ		37	38 l	17 ſ	
9 valent	9 l	9 ſ		38	39 l	18 ſ	
10 valent	10 l	10 ſ		39	40 l	19 ſ	
11 valent	11 l	11 ſ		40	42 l	— ſ	
12 valent	12 l	12 ſ		50	52 l	10 ſ	
13 valent	13 l	13 ſ		60	63 l	— ſ	
14 valent	14 l	14 ſ		70	73 l	10 ſ	
15 valent	15 l	15 ſ		80	84 l	— ſ	
16 valent	16 l	16 ſ		90	94 l	10 ſ	
17 valent	17 l	17 ſ		100	105 l	— ſ	
18 valent	18 l	18 ſ		200	210 l	— ſ	
19 valent	19 l	19 ſ		300	315 l	— ſ	
20 valent	21 l	— ſ		400	420 l	— ſ	
21 valent	22 l	1 ſ		3.quarts	1 l	15 ſ	9
22 valent	23 l	2 ſ		le demi	1 l	10 ſ	6
23 valent	24 l	3 ſ		le quart	1 l	5 ſ	3
24 valent	25 l	4 ſ		le 8me.	1 l	2 ſ	7
25 valent	26 l	5 ſ		le 16me.	1 l	1 ſ	3
26 valent	27 l	6 ſ		2.tiers	-1 l	14 ſ	—
27 valent	28 l	7 ſ		le tier	1 l	7 ſ	—
28 valent	29 l	8 ſ		le 6me.	1 l	3 ſ	6
29 valent	30 l	9 ſ		le 12e.	1 l	1 ſ	9
30 valent	31 l	10 ſ		le 15me.	1 l	1 ſ	4

2 valent	2 l	4 ſ		31	34 l	2 ſ
3 valent	3 l	6 ſ		32	35 l	4 ſ
4 valent	4 l	8 ſ		33	36 l	6 ſ
5 valent	5 l	10 ſ		34	37 l	8 ſ
6 valent	6 l	12 ſ		35	38 l	10 ſ
7 valent	7 l	14 ſ		36	39 l	12 ſ
8 valent	8 l	16 ſ		37	40 l	14 ſ
9 valent	9 l	18 ſ		38	41 l	16 ſ
10 valent	11 l	— ſ		39	42 l	18 ſ
11 valent	12 l	2 ſ		40	44 l	— ſ
12 valent	13 l	4 ſ		50	55 l	— ſ
13 valent	14 l	6 ſ		60	66 l	— ſ
14 valent	15 l	8 ſ		70	77 l	— ſ
15 valent	16 l	10 ſ		80	88 l	— ſ
16 valent	17 l	12 ſ		90	99 l	— ſ
17 valent	18 l	14 ſ		100	110 l	— ſ
18 valent	19 l	16 ſ		200	220 l	— ſ
19 valent	20 l	18 ſ		300	330 l	— ſ
20 valent	22 l	— ſ		400	440 l	— ſ
21 valent	23 l	2 ſ		3. quarts —	1 l	16 ſ 6
22 valent	24 l	4 ſ		le dn' —	1 l	11 ſ —
23 valent	25 l	6 ſ		le quart —	1 l	5 ſ 6
24 valent	26 l	8 ſ		le 8.me —	1 l	2 ſ 9
25 valent	27 l	10 ſ		le 16.me —	1 l	1 ſ 4
26 valent	28 l	12 ſ		2 tiers. —	1 l	14 ſ 8
27 valent	29 l	14 ſ		le tier —	1 l	7 ſ 4
28 valent	30 l	16 ſ		le 6me. —	1 l	3 ſ 8
29 valent	31 l	18 ſ		le 12.me —	1 l	1 ſ 10
30 valent	33 l	— ſ		le 15.me —	1 l	1 ſ 5

I **

A 23. ſols la Marchandiſe.

2 valent	2 l 6 ſ		31	35 l 13 ſ	
3 valent	3 l 9 ſ		32	36 l 16 ſ	
4 valent	4 l 12 ſ		33	37 l 19 ſ	
5 valent	5 l 15 ſ		34	39 l 2 ſ	
6 valent	6 l 18 ſ		35	40 l 5 ſ	
7 valent	8 l 1 ſ		36	41 l 8 ſ	
8 valent	9 l 4 ſ		37	42 l 11 ſ	
9 valent	10 l 7 ſ		38	43 l 14 ſ	
10 valent	11 l 10 ſ		39	44 l 17 ſ	
11. valent	12 l 13 ſ		40	46 l — ſ	
12 valent	13 l 16 ſ		50	57 l 10 ſ	
13 valent	14 l 19 ſ		60	69 l — ſ	
14 valent	16 l 2 ſ		70	80 l 10 ſ	
15 valent	17 l 5 ſ		80	92 l — ſ	
16 valent	18 l 8 ſ		90	103 l 10 ſ	
17 valent	19 l 11 ſ		100	115 l — ſ	
18 valent	20 l 14 ſ		200	230 l — ſ	
19 valent	21 l 17 ſ		300	345 l — ſ	
20 valent	23 l — ſ		400	460 l — ſ	
21 valent	24 l 3 ſ		3·quarts	17 ſ	3
22 valent	25 l 6 ſ		le demi	11 ſ	6
23 valent	26 l 9 ſ		le quart	5 ſ	9
24 valent	27 l 12 ſ		le 8.me	2 ſ	10
25 valent	28 l 15 ſ		le 16.me	1 ſ	5
26 valent	29 l 18 ſ		2.tiers	15 ſ	4
27 valent	31 l 1 ſ		le tier	7 ſ	8
28 valent	32 l 4 ſ		le 6.me	3 ſ	10
29 valent	33 l 7 ſ		le 12.me	1 ſ	11
30 valent	34 l 10 ſ		le 15.me	1 ſ	6

'A 24. *sols* la Marchandise.

2 valent	2 l	8 s		31	37 l	4 s	
3 valent	3 l	12 s		32	38 l	8 s	
4 valent	4 l	16 s		33	39 l	12 s	
5 valent	6 l	— s		34	40 l	16 s	
6 valent	7 l	4 s		35	42 l	— s	
7 valent	8 l	8 s		36	43 l	4 s	
8 valent	9 l	12 s		37	44 l	8 s	
9 valent	10 l	16 s		38	45 l	12 s	
10 valent	12 l	— s		39	46 l	16 s	
11 valent	13 l	4 s		40	48 l	— s	
12 valent	14 l	8 s		50	60 l	— s	
13 valent	15 l	12 s		60	72 l	— s	
14 valent	16 l	16 s		70	84 l	— s	
15 valent	18 l	— s		80	96 l	— s	
16 valent	19 l	4 s		90	108 l	— s	
17 valent	20 l	8 s		100	120 l	— s	
18 valent	21 l	12 s		200	240 l	— s	
19 valent	22 l	16 s		300	360 l	— s	
20 valent	24 l	— s		400	480 l	— s	
21 valent	25 l	4 s		3 quarts —	1	18 s	
22 valent	26 l	8 s		le demi —	1	12 s	
23 valent	27 l	12 s		le quart —	1	6 s	
24 valent	28 l	16 s		le 8.me. —	1	3 s	
25 valent	30 l	— s		le 16.me. —	1	1 s	6
26 valent	31 l	4 s		2. tiers —	1	16 s	
27 valent	32 l	8 s		le tiers —	1	8 s	
28 valent	33 l	12 s		le 6.me. —	1	4 s	
29 valent	34 l	16 s		le 12.me. —	1	2 s	
30 valent	36 l	— s		le 15.me. —	1	1 s	7

2 valent	2 l 10 s		31	38 l 15 s	
3 valent	3 l 15 s		32	40 l — s	
4 valent	5 l — s		33	41 l 5 s	
5 valent	6 l 5 s		34	42 l 10 s	
6 valent	7 l 10 s		35	43 l 15 s	
7 valent	8 l 15 s		36	45 l — s	
8 valent	10 l — s		37	46 l 5 s	
9 valent	11 l 5 s		38	47 l 10 s	
10 valent	12 l 10 s		39	48 l 15 s	
11 valent	13 l 15 s		40	50 l — s	
12 valent	15 l — s		50	62 l 10 s	
13 valent	16 l 5 s		60	75 l — s	
14 valent	17 l 10 s		70	87 l 10 s	
15 valent	18 l 15 s		80	100 l — s	
16 valent	20 l — s		90	112 l 10 s	
17 valent	21 l 5 s		100	125 l — s	
18 valent	22 l 10 s		200	250 l — s	
19 valent	23 l 15 s		300	375 l — s	
20 valent	25 l — s		400	500 l — s	
21 valent	26 l 5 s		3. quarts — l 18 s		9
22 valent	27 l 10 s		le demi — l 12 s		6
23 valent	28 l 15 s		le quart — l 6 s		3
24 valent	30 l — s		le 8me. — l 3 s		1
25 valent	31 l 5 s		le 16me. — l 1 s		6
26 valent	32 l 10 s		2. tiers — l 16 s		8
27 valent	33 l 15 s		le tier — l 8 s		4
28 valent	35 l — s		le 6me. — l 4 s		2
29 valent	36 l 5 s		le 12me. — l 2 s		1
30 valent	37 l 10 s		le 15.me — l 1 s		8

2 valent	2 l 12 ſ		31	40 l 6 ſ	
3 valent	3 l 18 ſ		32	41 l 12 ſ	
4 valent	5 l 4 ſ		33	42 l 18 ſ	
5 valent	6 l 10 ſ		34	44 l 4 ſ	
6 valent	7 l 16 ſ		35	45 l 10 ſ	
7 valent	9 l 2 ſ		36	46 l 16 ſ	
8 valent	10 l 8 ſ		37	48 l 2 ſ	
9 valent	11 l 14 ſ		38	49 l 8 ſ	
10 valent	13 l — ſ		39	50 l 14 ſ	
11 valent	14 l 6 ſ		40	52 l — ſ	
12 valent	15 l 12 ſ		50	65 l — ſ	
13 valent	16 l 18 ſ		60	78 l — ſ	
14 valent	18 l 4 ſ		70	91 l — ſ	
15 valent	19 l 10 ſ		80	104 l — ſ	
16 valent	20 l 16 ſ		90	117 l — ſ	
17 valent	22 l 2 ſ		100	130 l — ſ	
18 valent	23 l 8 ſ		200	260 l — ſ	
19 valent	24 l 14 ſ		300	390 l — ſ	
20 valent	26 l — ſ		400	520 l — ſ	
21 valent	27 l 6 ſ		3. quarts — l	19 ſ 6	
22 valent	28 l 12 ſ		le demi — l	13 ſ —	
23 valent	29 l 18 ſ		le quart — l	6 ſ 6	
24 valent	31 l 4 ſ		le 8.me — l	3 ſ 3	
25 valent	32 l 10 ſ		le 16.me — l	1 ſ 7	
26 valent	33 l 16 ſ		2. Tiers — l	17 ſ 4	
27 valent	35 l 2 ſ		le Tier — l	8 ſ 8	
28 valent	36 l 8 ſ		le 6.me — l	4 ſ 4	
29 valent	37 l 14 ſ		le 12.me — l	2 ſ 2	
30 valent	39 l — ſ		le 15.me — l	1 ſ 8	

2 valent	2 l 14 s		31	41 l 17 s			
3 valent	4 l 1 s		32	43 l 4 s			
4 valent	5 l 8 s		33	44 l 11 s			
5 valent	6 l 15 s		34	45 l 18 s			
6 valent	8 l 2 s		35	47 l 5 s			
7 valent	9 l 9 s		36	48 l 12 s			
8 valent	10 l 16 s		37	49 l 19 s			
9 valent	12 l 3 s		38	51 l 6 s			
10 valent	13 l 10 s		39	52 l 13 s			
11 valent	14 l 17 s		40	54 l — s			
12 valent	16 l 4 s		50	67 l 10 s			
13 valent	17 l 11 s		60	81 l — s			
14 valent	18 l 18 s		70	94 l 10 s			
15 valent	20 l 5 s		80	108 l — s			
16 valent	21 l 12 s		90	121 l 10 s			
17 valent	22 l 19 s		100	135 l — s			
18 valent	24 l 6 s		200	270 l — s			
19 valent	25 l 13 s		300	405 l — s			
20 valent	27 l — s		400	540 l — s			
21 valent	28 l 7 s		3. quars	1 l — s 3			
22 valent	29 l 14 s		le demi	— l 13 s 6			
23 valent	31 l 1 s		le quart	— l 6 s 9			
24 valent	32 l 8 s		le 8me.	— l 3 s 4			
25 valent	33 l 15 s		le 16me.	— l 1 s 8			
26 valent	35 l 2 s		2. tiers	— l 18 s —			
27 valent	36 l 9 s		le tier	— l 9 s —			
28 valent	37 l 16 s		le 6me.	— l 4 s 6			
29 valent	39 l 3 s		le 12me.	— l 2 s 3			
30 valent	40 l 10 s		le 24me.	— l 1 s 2			

A 28. ſols la Marchandiſe.

2 valent	2 l	16 ſ	31	43 l	8 ſ	
3 valent	4 l	4 ſ	32	44 l	16 ſ	
4 valent	5 l	12 ſ	33	46 l	4 ſ	
5 valent	7 l	— ſ	34	47 l	12 ſ	
6 valent	8 l	8 ſ	35	49 l	— ſ	
7 valent	9 l	16 ſ	36	50 l	8 ſ	
8 valent	11 l	4 ſ	37	51 l	16 ſ	
9 valent	12 l	12 ſ	38	53 l	4 ſ	
10 valent	14 l	— ſ	39	54 l	12 ſ	
11 valent	15 l	8 ſ	40	56 l	— ſ	
12 valent	16 l	16 ſ	50	70 l	— ſ	
13 valent	18 l	4 ſ	60	84 l	— ſ	
14 valent	19 l	12 ſ	70	98 l	— ſ	
15 valent	21 l	— ſ	80	112 l	— ſ	
16 valent	22 l	8 ſ	90	126 l	— ſ	
17 valent	23 l	16 ſ	100	140 l	— ſ	
18 valent	25 l	4 ſ	200	280 l	— ſ	
19 valent	26 l	12 ſ	300	420 l	— ſ	
20 valent	28 l	— ſ	400	560 l	— ſ	
21 valent	29 l	8 ſ	3. quarts	1 l	1 ſ	—
22 valent	30 l	16 ſ	le demi	— l	14 ſ	—
23 valent	32 l	4 ſ	le quart	— l	7 ſ	—
24 valent	33 l	12 ſ	le 8me.	— l	3 ſ	6
25 valent	35 l	— ſ	le 16.me.	— l	1 ſ	9
26 valent	36 l	8 ſ	2. Tiers	— l	18 ſ	8
27 valent	37 l	16 ſ	le tier	— l	9 ſ	4
28 valent	39 l	4 ſ	le 6.me.	— l	4 ſ	8
29 valent	40 l	12 ſ	le 12.me.	— l	2 ſ	4
30 valent	42 l	— ſ	le 15.me.	— l	1 ſ	10

A 29. *sols* la Marchandise.

2 valent	2 l 18 s		31	44 l 19 s	
3 valent	4 l 7 s		32	46 l 8 s	
4 valent	5 l 16 s		33	47 l 17 s	
5 valent	7 l 5 s		34	49 l 6 s	
6 valent	8 l 14 s		35	50 l 15 s	
7 valent	10 l 3 s		36	52 l 4 s	
8 valent	11 l 12 s		37	53 l 13 s	
9 valent	13 l 1 s		38	55 l 2 s	
10 valent	14 l 10 s		39	56 l 11 s	
11 valent	15 l 19 s		40	58 l — s	
12 valent	17 l 8 s		50	72 l 10 s	
13 valent	18 l 17 s		60	87 l — s	
14 valent	20 l 6 s		70	101 l 10 s	
15 valent	21 l 15 s		80	116 l — s	
16 valent	23 l 4 s		90	130 l 10 s	
17 valent	24 l 13 s		100	145 l — s	
18 valent	26 l 2 s		200	290 l — s	
19 valent	27 l 11 s		300	435 l — s	
20 valent	29 l — s		400	580 l — s	
21 valent	30 l 9 s		*3. quarts*	1 l 1 s	9
22 valent	31 l 18 s		*le demi*	— l 14 s	6
23 valent	33 l 7 s		*le quart*	— l 7 s	3
24 valent	34 l 16 s		*le* 8me.	— l 3 s	7
25 valent	36 l 5 s		*le* 6me.	— l 1 s	9
26 valent	37 l 14 s		*2. tiers*	— l 19 s	4
27 valent	39 l 3 s		*le tier*	— l 9 s	8
28 valent	40 l 12 s		*le* 6me.	— l 4 s	10
29 valent	42 l 1 s		*le* 12me.	— l 2 s	5
30 valent	43 l 10 s		*le* 15.me	— l 1 s	11

2 valent	3 l — ſ		31	46 l 10 ſ		
3 valent	4 l 10 ſ		32	48 l — ſ		
4 valent	6 l — ſ		33	49 l 10 ſ		
5 valent	7 l 10 ſ		34	51 l — ſ		
6 valent	9 l — ſ		35	52 l 10 ſ		
7 valent	10 l 10 ſ		36	54 l — ſ		
8 valent	12 l — ſ		37	55 l 10 ſ		
9 valent	13 l 10 ſ		38	57 l — ſ		
10 valent	15 l — ſ		39	58 l 10 ſ		
11 valent	16 l 10 ſ		40	60 l — ſ		
12 valent	18 l — ſ		50	75 l — ſ		
13 valent	19 l 10 ſ		60	90 l — ſ		
14 valent	21 l — ſ		70	105 l — ſ		
15 valent	22 l 10 ſ		80	120 l — ſ		
16 valent	24 l — ſ		90	135 l — ſ		
17 valent	25 l 10 ſ		100	150 l — ſ		
18 valent	27 l — ſ		200	300 l — ſ		
19 valent	28 l 10 ſ		300	450 l — ſ		
20 valent	30 l — ſ		400	600 l — ſ		
21 valent	31 l 10 ſ		3. quarts	1 l	2 ſ	6
22 valent	33 l — ſ		le demi	1 l	15 ſ —	
23 valent	34 l 10 ſ		le quart	1 l	7 ſ	6
24 valent	36 l — ſ		le 8me.	1 l	3 ſ	9
25 valent	37 l 10 ſ		le 16me.	1 l	1 ſ 10	
26 valent	39 l — ſ		2. tiers	1 l	— ſ —	
27 valent	40 l 10 ſ		le tier	1 l	10 ſ —	
28 valent	42 l — ſ		le 6me.	1 l	5 ſ —	
29 valent	43 l 10 ſ		le 12me.	1 l	2 ſ	6
30 valent	45 l — ſ		le 15.m	1 l	2 ſ —	

A 31. ſols la Marchandiſe.

2 valent	3 l	2 ſ		31	48 l	1 ſ
3 valent	4 l	13 ſ		32	49 l	12 ſ
4 valent	6 l	4 ſ		33	51 l	3 ſ
5 valent	7 l	15 ſ		34	52 l	14 ſ
6 valent	9 l	6 ſ		35	54 l	5 ſ
7 valent	10 l	17 ſ		36	55 l	16 ſ
8 valent	12 l	8 ſ		37	57 l	7 ſ
9 valent	13 l	19 ſ		38	58 l	18 ſ
10 valent	15 l	10 ſ		39	60 l	9 ſ
11 valent	17 l	1 ſ		40	62 l	— ſ
12 valent	18 l	12 ſ		50	77 l	10 ſ
13 valent	20 l	3 ſ		60	93 l	— ſ
14 valent	21 l	14 ſ		70	108 l	10 ſ
15 valent	23 l	5 ſ		80	124 l	— ſ
16 valent	24 l	16 ſ		90	139 l	10 ſ
17 valent	26 l	7 ſ		100	155 l	— ſ
18 valent	27 l	18 ſ		200	310 l	— ſ
19 valent	29 l	9 ſ		300	465 l	— ſ
20 valent	31 l	— ſ		400	620 l	— ſ
21 valent	32 l	11 ſ		3. quarts	1 l	3 ſ 3
22 valent	34 l	2 ſ		le demi	1	15 ſ 6
23 valent	35 l	13 ſ		le quart	1	7 ſ 9
24 valent	37 l	4 ſ		le 8me.	1	3 ſ 10
25 valent	38 l	15 ſ		le 16me.	1	1 ſ 11
26 valent	40 l	6 ſ		2. tiers	1 l	— ſ 8
27 valent	41 l	17 ſ		le tier	1	10 ſ 4
28 valent	43 l	8 ſ		le 6me.	1	5 ſ 2
29 valent	44 l	19 ſ		le 12me.	1	2 ſ 7
30 valent	46 l	10 ſ		le 15.me	1	2 ſ —

A 32. ſols la Marchandiſe.

2 valent	3 l	4 ſ	31	49 l	12 ſ
3 valent	4 l	16 ſ	32	51 l	4 ſ
4 valent	6 l	8 ſ	33	52 l	16 ſ
5 valent	8 l	— ſ	34	54 l	8 ſ
6 valent	9 l	12 ſ	35	56 l	— ſ
7 valent	11 l	4 ſ	36	57 l	12 ſ
8 valent	12 l	16 ſ	37	59 l	4 ſ
9 valent	14 l	8 ſ	38	60 l	16 ſ
10 valent	16 l	— ſ	39	62 l	8 ſ
11 valent	17 l	12 ſ	40	64 l	— ſ
12 valent	19 l	4 ſ	50	80 l	— ſ
13 valent	20 l	16 ſ	60	96 l	— ſ
14 valent	22 l	8 ſ	70	112 l	— ſ
15 valent	24 l	— ſ	80	128 l	— ſ
16 valent	25 l	12 ſ	90	144 l	— ſ
17 valent	27 l	4 ſ	100	160 l	— ſ
18 valent	28 l	16 ſ	200	320 l	— ſ
19 valent	30 l	8 ſ	300	480 l	— ſ
20 valent	32 l	— ſ	400	640 l	— ſ
21 valent	33 l	12 ſ	3.quarts 1	4 ſ	—
22 valent	35 l	4 ſ	le demi •	1 16 ſ	—
23 valent	36 l	16 ſ	le quart	1 8 ſ	—
24 valent	38 l	8 ſ	le 8me.	1 4 ſ	—
25 valent	40 l	— ſ	le 16me.	1 2 ſ	—
26 valent	41 l	12 ſ	2.tiers 1	1 ſ	4
27 valent	43 l	4 ſ	le tier	1 10 ſ	8
28 valent	44 l	16 ſ	le 6me.	1 5 ſ	4
29 valent	46 l	8 ſ	le 12 •.	1 2 ſ	8
30 valent	48 l	— ſ	le 15me.	1 2 ſ	1

K

2 valent	3 l	6 s		31	51 l	3 s	
3 valent	4 l	19 s		32	52 l	16 s	
4 valent	6 l	12 s		33	54 l	9 s	
5 valent	8 l	5 s		34	56 l	2 s	
6 valent	9 l	18 s		35	57 l	15 s	
7 valent	11 l	11 s		36	59 l	8 s	
8 valent	13 l	4 s		37	61 l	1 s	
9 valent	14 l	17 s		38	62 l	14 s	
10 valent	16 l	10 s		39	64 l	7 s	
11 valent	18 l	3 s		40	66 l	— s	
12 valent	19 l	16 s		50	82 l	10 s	
13 valent	21 l	9 s		60	99 l	— s	
14 valent	23 l	2 s		70	115 l	10 s	
15 valent	24 l	15 s		80	132 l	— s	
16 valent	26 l	8 s		90	148 l	10 s	
17 valent	28 l	1 s		100	165 l	— s	
18 valent	29 l	14 s		200	330 l	— s	
19 valent	31 l	7 s		300	495 l	— s	
20 valent	33 l	— s		400	660 l	— s	
21 valent	34 l	13 s		3. quarts	1 l	4 s	9
22 valent	36 l	6 s		le demi		16 s	6
23 valent	37 l	19 s		le quart		8 s	3
24 valent	39 l	12 s		le 8.me		4 s	1
25 valent	41 l	5 s		le 16.me		2 s	
26 valent	42 l	18 s		2. tiers	1 l	2 s	
27 valent	44 l	11 s		le tier		11 s	
28 valent	46 l	4 s		le 6.me		5 s	6
29 valent	47 l	17 s		le 12.me		2 s	9
30 valent	49 l	10 s		le 15.me		2 s	2

'A 34. ſols la Marchandiſe.

2 valent	3 l	8 ſ		31	52 l	14 ſ
3 valent	5 l	2 ſ		32	54 l	8 ſ
4 valent	6 l	16 ſ		33	56 l	2 ſ
5 valent	8 l	10 ſ		34	57 l	16 ſ
6 valent	10 l	4 ſ		35	59 l	10 ſ
7 valent	11 l	18 ſ		36	61 l	4 ſ
8 valent	13 l	12 ſ		37	62 l	18 ſ
9 valent	15 l	6 ſ		38	64 l	12 ſ
10 valent	17 l	— ſ		39	66 l	6 ſ
11 valent	18 l	14 ſ		40	68 l	— ſ
12 valent	20 l	8 ſ		50	85 l	— ſ
13 valent	22 l	2 ſ		60	102 l	— ſ
14 valent	23 l	16 ſ		70	119 l	— ſ
15 valent	25 l	10 ſ		80	136 l	— ſ
16 valent	27 l	4 ſ		90	153 l	— ſ
17 valent	28 l	18 ſ		100	170 l	— ſ
18 valent	30 l	12 ſ		200	340 l	— ſ
19 valent	32 l	6 ſ		300	510 l	— ſ
20 valent	34 l	— ſ		400	680 l	— ſ
21 valent	35 l	14 ſ		3.quarts	1 l	5 ſ 6
22 valent	37 l	8 ſ		le dmi	— l	17 ſ —
23 valent	39 l	2 ſ		le quart	— l	8 ſ 6
24 valent	40 l	16 ſ		le 8.me	— l	4 ſ 3
25 valent	42 l	10 ſ		le 16.me	— l	2 ſ 1
26 valent	44 l	4 ſ		2.tiers.	1 l	2 ſ 8
27 valent	45 l	18 ſ		le tier	— l	11 ſ 4
28 valent	47 l	12 ſ		le 6.me	— l	5 ſ 8
29 valent	49 l	6 ſ		le 12.me	— l	2 ſ 10
30 valent	51 l	— ſ		le 15.me	— l	2 ſ 3

K **

2 valent	3 l 10 s		31	54 l 5 s		
3 valent	5 l 5 s		32	56 l — s		
4 valent	7 l — s		33	57 l 15 s		
5 valent	8 l 15 s		34	59 l 10 s		
6 valent	10 l 10 s		35	61 l 5 s		
7 valent	12 l 5 s		36	63 l — s		
8 valent	14 l — s		37	64 l 15 s		
9 valent	15 l 15 s		38	66 l 10 s		
10 valent	17 l 10 s		39	68 l 5 s		
11 valent	19 l 5 s		40	70 l — s		
12 valent	21 l — s		50	87 l 10 s		
13 valent	22 l 15 s		60	105 l — s		
14 valent	24 l 10 s		70	122 l 10 s		
15 valent	26 l 5 s		80	140 l — s		
16 valent	28 l — s		90	157 l 10 s		
17 valent	29 l 15 s		100	175 l — s		
18 valent	31 l 10 s		200	350 l — s		
19 valent	33 l 5 s		300	525 l — s		
20 valent	35 l — s		400	700 l — s		
21 valent	36 l 15 s		3.quarts	1 l 6 s	3	
22 valent	38 l 10 s		le demi	1 l 17 s	6	
23 valent	40 l 5 s		le quart	1 l 8 s	9	
24 valent	42 l — s		le 8.me	1 l 4 s	4	
25 valent	43 l 15 s		le 16.me	1 l 2 s	2	
26 valent	45 l 10 s		2.tiers	1 l 3 s	4	
27 valent	47 l 5 s		le tier	1 l 1 s	8	
28 valent	49 l — s		le 6.me	1 l 5 s	10	
29 valent	50 l 15 s		le 12.me	1 l 2 s	11	
30 valent	52 l 10 s		le 15.me	1 l 2 s		

2 valent	3 l	12 ſ	31	55 l	16 ſ	
3 valent	5 l	8 ſ	32	57 l	12 ſ	
4 valent	7 l	4 ſ	33	59 l	8 ſ	
5 valent	9 l	— ſ	34	61 l	4 ſ	
6 valent	10 l	16 ſ	35	63 l	— ſ	
7 valent	12 l	12 ſ	36	64 l	16 ſ	
8 valent	14 l	8 ſ	37	66 l	12 ſ	
9 valent	16 l	4 ſ	38	68 l	8 ſ	
10 valent	18 l	— ſ	39	70 l	4 ſ	
11 valent	19 l	16 ſ	40	72 l	— ſ	
12 valent	21 l	12 ſ	50	90 l	— ſ	
13 valent	23 l	8 ſ	60	108 l	— ſ	
14 valent	25 l	4 ſ	70	126 l	— ſ	
15 valent	27 l	— ſ	80	144 l	— ſ	
16 valent	28 l	16 ſ	90	162 l	— ſ	
17 valent	30 l	12 ſ	100	180 l	— ſ	
18 valent	32 l	8 ſ	200	360 l	— ſ	
19 valent	34 l	4 ſ	300	540 l	— ſ	
20 valent	36 l	— ſ	400	720 l	— ſ	
21 valent	37 l	16 ſ	3 quarts	1 l	7 ſ	—
22 valent	39 l	12 ſ	le demi	— l	18 ſ	—
23 valent	41 l	8 ſ	le quart	— l	9 ſ	—
24 valent	43 l	4 ſ	le 8me.	— l	4 ſ	6
25 valent	45 l	— ſ	le 16me.	— l	2 ſ	3
26 valent	46 l	16 ſ	2. tiers	1 l	4 ſ	—
27 valent	48 l	12 ſ	le tier	— l	12 ſ	—
28 valent	50 l	8 ſ	le 6me.	— l	6 ſ	—
29 valent	52 l	4 ſ	le 12me.	— l	3 ſ	—
30 valent	54 l	— ſ	le 15.me	— l	2 ſ	4

E ***

A 35. ſols la Marchandiſe.

Quantité	l	ſ
2 valent	3	10
3 valent	5	5
4 valent	7	—
5 valent	8	15
6 valent	10	10
7 valent	12	5
8 valent	14	—
9 valent	15	15
10 valent	17	10
11 valent	19	5
12 valent	21	—
13 valent	22	15
14 valent	24	10
15 valent	26	5
16 valent	28	—
17 valent	29	15
18 valent	31	10
19 valent	33	5
20 valent	35	—
21 valent	36	15
22 valent	38	10
23 valent	40	5
24 valent	42	—
25 valent	43	15
26 valent	45	10
27 valent	47	5
28 valent	49	—
29 valent	50	15
30 valent	52	10

Quantité	l	ſ
31	54	5
32	56	—
33	57	15
34	59	10
35	61	5
36	63	—
37	64	15
38	66	10
39	68	5
40	70	—
50	87	10
60	105	—
70	122	10
80	140	—
90	157	10
100	175	—
200	350	—
300	525	—
400	700	—

	l	ſ	d
3. quarts	1	6	3
le demi		17	6
lequart		8	9
le 8.me		4	4
le 16.me		2	2
2. tiers	1	3	4
le tier		11	8
le 6.me		5	10
le 12.me		2	11
le 15.me		2	4

2 valent	3 l 12 s		31	55 l 16 s		
3 valent	5 l 8 s		32	57 l 12 s		
4 valent	7 l 4 s		33	59 l 8 s		
5 valent	9 l — s		34	61 l 4 s		
6 valent	10 l 16 s		35	63 l — s		
7 valent	12 l 12 s		36	64 l 16 s		
8 valent	14 l 8 s		37	66 l 12 s		
9 valent	16 l 4 s		38	68 l 8 s		
10 valent	18 l — s		39	70 l 4 s		
11 valent	19 l 16 s		40	72 l — s		
12 valent	21 l 12 s		50	90 l — s		
13 valent	23 l 8 s		60	108 l — s		
14 valent	25 l 4 s		70	126 l — s		
15 valent	27 l — s		80	144 l — s		
16 valent	28 l 16 s		90	162 l — s		
17 valent	30 l 12 s		100	180 l — s		
18 valent	32 l 8 s		200	360 l — s		
19 valent	34 l 4 s		300	540 l — s		
20 valent	36 l — s		400	720 l — s		
21 valent	37 l 16 s		3 quarts	1 l 7 s —		
22 valent	39 l 12 s		le demi	— l 18 s —		
23 valent	41 l 8 s		le quart	— l 9 s —		
24 valent	43 l 4 s		le 8me.	— l 4 s 6		
25 valent	45 l — s		le 16me.	— l 2 s 3		
26 valent	46 l 16 s		2. tiers	1 l 4 s —		
27 valent	48 l 12 s		le tier	— l 12 s —		
28 valent	50 l 8 s		le 6me.	— l 6 s —		
29 valent	52 l 4 s		le 12me.	— l 3 s —		
30 valent	54 l — s		le 15.me	— l 2 s 4		

I ***

2 valent	3 l	14 ſ	31	57 l	7 ſ	
3 valent	5 l	11 ſ	32	59 l	4 ſ	
4 valent	7 l	8 ſ	33	61 l	1 ſ	
5 valent	9 l	5 ſ	34	62 l	18 ſ	
6 valent	11 l	2 ſ	35	64 l	15 ſ	
7 valent	12 l	19 ſ	36	66 l	12 ſ	
8 valent	14 l	16 ſ	37	68 l	9 ſ	
9 valent	16 l	13 ſ	38	70 l	6 ſ	
10 valent	18 l	10 ſ	39	72 l	3 ſ	
11 valent	20 l	7 ſ	40	74 l	— ſ	
12 valent	22 l	4 ſ	50	92 l	10 ſ	
13 valent	24 l	1 ſ	60	111 l	— ſ	
14 valent	25 l	18 ſ	70	129 l	10 ſ	
15 valent	27 l	15 ſ	80	148 l	— ſ	
16 valent	29 l	12 ſ	90	166 l	10 ſ	
17 valent	31 l	9 ſ	100	185 l	— ſ	
18 valent	33 l	6 ſ	200	370 l	— ſ	
19 valent	35 l	3 ſ	300	555 l	— ſ	
20 valent	37 l	— ſ	400	740 l	— ſ	
21 valent	38 l	17 ſ	3. quarts	1 l	7 ſ	9
22 valent	40 l	14 ſ	le demi —	1 l	18 ſ	6
23 valent	42 l	11 ſ	le quart —	1 l	9 ſ	3
24 valent	44 l	8 ſ	le 8me. —	1 l	4 ſ	7
25 valent	46 l	5 ſ	le 16me. —	1 l	2 ſ	3
26 valent	48 l	2 ſ	2. tiers	1 l	4 ſ	9
27 valent	49 l	19 ſ	le tier —	1 l	12 ſ	4
28 valent	51 l	16 ſ	le 6me. —	1 l	6 ſ	1
29 valent	53 l	13 ſ	le 12me. —	1 l	3 ſ	1
30 valent	55 l	10 ſ	le 15.me —	1 l	2 ſ	5

		l	s			l	s	d
2 valent		3	16	31	58	18		
3 valent		5	14	32	60	16		
4 valent		7	12	33	62	14		
5 valent		9	10	34	64	12		
6 valent		11	8	35	66	10		
7 valent		13	6	36	68	8		
8 valent		15	4	37	70	6		
9 valent		17	2	38	72	4		
10 valent		19	—	39	74	2		
11 valent		20	18	40	76	—		
12 valent		22	16	50	95	—		
13 valent		24	14	60	114	—		
14 valent		26	12	70	133	—		
15 valent		28	10	80	152	—		
16 valent		30	8	90	171	—		
17 valent		32	6	100	190	—		
18 valent		34	4	200	380	—		
19 valent		36	2	300	570	—		
20 valent		38	—	400	760	—		
21 valent		39	18	3. quarts 1		8		6
22 valent		41	16	le demi —		19		—
23 valent		43	14	le quart —		9		6
24 valent		45	12	le 8me. —		4		9
25 valent		47	10	le 16me. —		2		4
26 valent		49	8	2. Tiers 1		5		4
27 valent		51	6	le Tier —		12		8
28 valent		53	4	le 6me. —		6		4
29 valent		55	2	le 12.me —		3		2
30 valent		57	—	le 15.me —		2		6

	l	s			l	s	
2 valent	3	18		31	60	9	
3 valent	5	17		32	62	8	
4 valent	7	16		33	64	7	
5 valent	9	15		34	66	6	
6 valent	11	14		35	68	5	
7 valent	13	13		36	70	4	
8 valent	15	12		37	72	3	
9 valent	17	11		38	74	2	
10 valent	19	10		39	76	1	
11 valent	21	9		40	78	—	
12 valent	23	8		50	97	10	
13 valent	25	7		60	117	—	
14 valent	27	6		70	136	10	
15 valent	29	5		80	156	—	
16 valent	31	4		90	175	10	
17 valent	33	3		100	195	—	
18 valent	35	2		200	390	—	
19 valent	37	1		300	585	—	
20 valent	39	—		400	780	—	
21 valent	40	19		3. quars	1	9	3
22 valent	42	18		le demi	—	19	6
23 valent	44	17		le quart	—	9	9
24 valent	46	16		le 8me.	—	4	10
25 valent	48	15		le 16me.	—	2	5
26 valent	50	14		2. tiers	1	6	—
27 valent	52	13		le tier	—	13	—
28 valent	54	12		le 6me.	—	6	6
29 valent	56	11		le 12me.	—	3	3
30 valent	58	10		le 18me.	—	2	7

2 valent	4 l	ſ		31	62 l	ſ	
3 valent	6 l	ſ		32	64 l	ſ	
4 valent	8 l	ſ		33	66 l	ſ	
5 valent	10 l	ſ		34	68 l	ſ	
6 valent	12 l	ſ		35	70 l	ſ	
7 valent	14 l	ſ		36	72 l	ſ	
8 valent	16 l	ſ		37	74 l	ſ	
9 valent	18 l	ſ		38	76 l	ſ	
10 valent	20 l	ſ		39	78 l	ſ	
11 valent	22 l	ſ		40	80 l	ſ	
12 valent	24 l	ſ		50	100 l	ſ	
13 valent	26 l	ſ		60	120 l	ſ	
14 valent	28 l	ſ		70	140 l	ſ	
15 valent	30 l	ſ		80	160 l	ſ	
16 valent	32 l	ſ		90	180 l	ſ	
17 valent	34 l	ſ		100	200 l	ſ	
18 valent	36 l	ſ		200	400 l	ſ	
19 valent	38 l	ſ		300	600 l	ſ	
20 valent	40 l	ſ		400	800 l	ſ	
21 valent	42 l	ſ		3. quarts	1 l	10 ſ	—
22 valent	44 l	ſ		le demi	1 l	— ſ	—
23 valent	46 l	ſ		le quart	— l	10 ſ	—
24 valent	48 l	ſ		le 8me.	— l	5 ſ	—
25 valent	50 l	ſ		le 16me.	— l	2 ſ	6
26 valent	52 l	ſ		2. Tiers	1 l	6 ſ	8
27 valent	54 l	ſ		le tier	— l	13 ſ	4
28 valent	56 l	ſ		le 6me.	— l	6 ſ	8
29 valent	58 l	ſ		le 12me.	— l	3 ſ	4
30 valent	60 l	ſ		le 15.me	— l	2 ſ	8

2 valent	4 l	2 ſ		31	63 l	11 ſ	
3 valent	6 l	3 ſ		32	65 l	12 ſ	
4 valent	8 l	4 ſ		33	67 l	13 ſ	
5 valent	10 l	5 ſ		34	69 l	14 ſ	
6 valent	12 l	6 ſ		35	71 l	15 ſ	
7 valent	14 l	7 ſ		36	73 l	16 ſ	
8 valent	16 l	8 ſ		37	75 l	17 ſ	
9 valent	18 l	9 ſ		38	77 l	18 ſ	
10 valent	20 l	10 ſ		39	79 l	19 ſ	
11 valent	22 l	11 ſ		40	82 l	— ſ	
12 valent	24 l	12 ſ		50	102 l	10 ſ	
13 valent	26 l	13 ſ		60	123 l	— ſ	
14 valent	28 l	14 ſ		70	143 l	10 ſ	
15 valent	30 l	15 ſ		80	164 l	— ſ	
16 valent	32 l	16 ſ		90	184 l	10 ſ	
17 valent	34 l	17 ſ		100	205 l	— ſ	
18 valent	36 l	18 ſ		200	410 l	— ſ	
19 valent	38 l	19 ſ		300	615 l	— ſ	
20 valent	41 l	— ſ		400	820 l	— ſ	
21 valent	43 l	1 ſ		3. quarts	1 l	10 ſ	9
22 valent	45 l	2 ſ		le demi	1 l	— ſ	6
23 valent	47 l	3 ſ		le quart	— l	10 ſ	3
24 valent	49 l	4 ſ		le 8me.	— l	5 ſ	1
25 valent	51 l	5 ſ		le 6me.	— l	2 ſ	6
26 valent	53 l	6 ſ		2. tiers	1 l	7 ſ	4
27 valent	55 l	7 ſ		le tier	— l	13 ſ	8
28 valent	57 l	8 ſ		le 6me.	— l	6 ſ	10
29 valent	59 l	9 ſ		le 12me.	— l	3 ſ	5
30 valent	61 l	10 ſ		le 15.me	— l	2 ſ	8

À 42. *ſols* la Marchandiſe.

2 valent	4 l	4 ſ		31	65 l	2 ſ
3 valent	6 l	6 ſ		32	67 l	4 ſ
4 valent	8 l	8 ſ		33	69 l	6 ſ
5 valent	10 l	10 ſ		34	71 l	8 ſ
6 valent	12 l	12 ſ		35	73 l	10 ſ
7 valent	14 l	14 ſ		36	75 l	12 ſ
8 valent	16 l	16 ſ		37	77 l	14 ſ
9 valent	18 l	18 ſ		38	79 l	16 ſ
10 valent	21 l	— ſ		39	81 l	18 ſ
11 valent	23 l	2 ſ		40	84 l	— ſ
12 valent	25 l	4 ſ		50	105 l	— ſ
13 valent	27 l	6 ſ		60	126 l	— ſ
14 valent	29 l	8 ſ		70	147 l	— ſ
15 valent	31 l	10 ſ		80	168 l	— ſ
16 valent	33 l	12 ſ		90	189 l	— ſ
17 valent	35 l	14 ſ		100	210 l	— ſ
18 valent	37 l	16 ſ		200	420 l	— ſ
19 valent	39 l	18 ſ		300	630 l	— ſ
20 valent	42 l	— ſ		400	840 l	— ſ
21 valent	44 l	2 ſ		3. quarts 1 l	11 ſ	6
22 valent	46 l	4 ſ		le demi 1 l	1 ſ	—
23 valent	48 l	6 ſ		le quart 1	10 ſ	6
24 valent	50 l	8 ſ		le 8me. 1	5 ſ	3
25 valent	52 l	10 ſ		le 16me. 1	2 ſ	7
26 valent	54 l	12 ſ		2. tiers 1 l	8 ſ	—
27 valent	56 l	14 ſ		le tier 1	14 ſ	—
28 valent	58 l	16 ſ		le 6me. 1	7 ſ	—
29 valent	60 l	18 ſ		le 12me. 1	3 ſ	6
30 valent	63 l	— ſ		le 15.m 1	2 ſ	9

À 43. ſols la Marchandiſe.

	l	ſ			l	ſ
2 valent	4	6		31	66	13
3 valent	6	9		32	68	16
4 valent	8	12		33	70	19
5 valent	10	15		34	73	2
6 valent	12	18		35	75	5
7 valent	15	1		36	77	8
8 valent	17	4		37	79	11
9 valent	19	7		38	81	14
10 valent	21	10		39	83	17
11 valent	23	13		40	86	—
12 valent	25	16		50	107	10
13 valent	27	19		60	129	—
14 valent	30	2		70	150	10
15 valent	32	5		80	172	—
16 valent	34	8		90	193	10
17 valent	36	11		100	215	—
18 valent	38	14		200	430	—
19 valent	40	17		300	645	—
20 valent	43	—		400	860	—
21 valent	45	3				
22 valent	47	6				
23 valent	49	9				
24 valent	51	12				
25 valent	53	15				
26 valent	55	18				
27 valent	58	1				
28 valent	60	4				
29 valent	62	7				
30 valent	64	10				

	l	ſ	d
3. quarts	1	12	3
le demi	1	1	6
le quart	—	10	9
le 8me.	—	5	4
le 16me.	—	2	8
2. tiers	1	8	8
le tier	—	14	4
le 6me.	—	7	2
le 12me.	—	3	7
le 15.me	—	2	10

1 valent	4 l 8 f		31	68 l 4 f	
3 valent	6 l 12 f		32	70 l 8 f	
4 valent	8 l 16 f		33	72 l 12 f	
5 valent	11 l — f		34	74 l 16 f	
6 valent	13 l 4 f		35	77 l — f	
7 valent	15 l 8 f		36	79 l 4 f	
8 valent	17 l 12 f		37	81 l 8 f	
9 valent	19 l 16 f		38	83 l 12 f	
10 valent	22 l — f		39	85 l 16 f	
11 valent	24 l 4 f		40	88 l — f	
12 valent	26 l 8 f		50	110 l — f	
13 valent	28 l 12 f		60	132 l — f	
14 valent	30 l 16 f		70	154 l — f	
15 valent	33 l — f		80	176 l — f	
16 valent	35 l 4 f		90	198 l — f	
17 valent	37 l 8 f		100	220 l — f	
18 valent	39 l 12 f		200	440 l — f	
19 valent	41 l 16 f		300	660 l — f	
20 valent	44 l — f		400	880 l — f	
21 valent	46 l 4 f		3. quarts	1 l 13 f —	
22 valent	48 l 8 f		le demi	1 l 2 f —	
23 valent	50 l 12 f		le quart	— l 11 f	
24 valent	52 l 16 f		le 8me.	— l 5 f 6	
25 valent	55 l — f		le 16me.	— l 2 f 9	
26 valent	57 l 4 f		2. tiers	1 l 9 f 4	
27 valent	59 l 8 f		le tier	— l 14 f 8	
28 valent	61 l 12 f		le 6me.	— l 7 f 4	
29 valent	63 l 16 f		le 12. me	— l 3 f 8	
30 valent	66 l — f		le 15. me	— l 2 f 11	

L

A 45. *sols* la Marchandise.

	l	s			l	s	d
2 valent	4	10		31	69	15	
3 valent	6	15		32	72	—	
4 valent	9	—		33	74	5	
5 valent	11	5		34	76	10	
6 valent	13	10		35	78	15	
7 valent	15	15		36	81	—	
8 valent	18	—		37	83	5	
9 valent	20	5		38	85	10	
10 valent	22	10		39	87	15	
11 valent	24	15		40	90	—	
12 valent	27	—		50	112	10	
13 valent	29	5		60	135	—	
14 valent	31	10		70	157	10	
15 valent	33	15		80	180	—	
16 valent	36	—		90	202	10	
17 valent	38	5		100	225	—	
18 valent	40	10		200	450	—	
19 valent	42	15		300	675	—	
20 valent	45	—		400	900	—	
21 valent	47	5		3 quarts	1	13	9
22 valent	49	10		le demi	1	2	6
23 valent	51	15		le quart		11	3
24 valent	54	—		le 8.me		5	7
25 valent	56	5		le 16.me		2	9
26 valent	58	10		2 tiers	1	10	—
27 valent	60	15		le tier		15	—
28 valent	63	—		le 6.me		7	6
29 valent	65	5		le 12.me		3	9
30 valent	67	10		le 15.me		3	—

À 46. ſols la Marchandiſe.

2 valent	4 l	12 ſ	31	71 l 6 ſ
3 valent	6 l	18 ſ	32	73 l 12 ſ
4 valent	9 l	4 ſ	33	75 l 18 ſ
5 valent	11 l	10 ſ	34	78 l 4 ſ
6 valent	13 l	16 ſ	35	80 l 10 ſ
7 valent	16 l	2 ſ	36	82 l 16 ſ
8 valent	18 l	8 ſ	37	85 l 2 ſ
9 valent	20 l	14 ſ	38	87 l 8 ſ
10 valent	23 l	— ſ	39	89 l 14 ſ
11 valent	25 l	6 ſ	40	92 l — ſ
12 valent	27 l	12 ſ	50	115 l — ſ
13 valent	29 l	18 ſ	60	138 l — ſ
14 valent	32 l	4 ſ	70	161 l — ſ
15 valent	34 l	10 ſ	80	184 l — ſ
16 valent	36 l	16 ſ	90	207 l — ſ
17 valent	39 l	2 ſ	100	230 l — ſ
18 valent	41 l	8 ſ	200	460 l — ſ
19 valent	43 l	14 ſ	300	690 l — ſ
20 valent	46 l	— ſ	400	920 l — ſ
21 valent	48 l	6 ſ	3 quarts 1 l 14 ſ 6	
22 valent	50 l	12 ſ	le dmi 1 l 3 ſ —	
23 valent	52 l	18 ſ	le quart — l 11 ſ 6	
24 valent	55 l	4 ſ	le 8.me — l 5 ſ 9	
25 valent	57 l	10 ſ	le 16.me — l 2 ſ 0	
26 valent	59 l	16 ſ	2. tiers. 1 l 10 ſ 8	
27 valent	62 l	2 ſ	le tier — l 15 ſ 4	
28 valent	64 l	8 ſ	le 16.me — l 7 ſ 8	
29 valent	66 l	14 ſ	le 2.me — l 3 ſ 10	
30 valent	69 l	— ſ	le 15.me — l 3 ſ —	

A 47. ſols la Marchandiſe.

	livres	sols
2 valent	4 l	14 ſ
3 valent	7 l	1 ſ
4 valent	9 l	8 ſ
5 valent	11 l	15 ſ
6 valent	14 l	2 ſ
7 valent	16 l	9 ſ
8 valent	18 l	16 ſ
9 valent	21 l	3 ſ
10 valent	23 l	10 ſ
11 valent	25 l	17 ſ
12 valent	28 l	4 ſ
13 valent	30 l	11 ſ
14 valent	32 l	18 ſ
15 valent	35 l	5 ſ
16 valent	37 l	12 ſ
17 valent	39 l	19 ſ
18 valent	42 l	6 ſ
19 valent	44 l	13 ſ
20 valent	47 l	— ſ
21 valent	49 l	7 ſ
22 valent	51 l	14 ſ
23 valent	54 l	1 ſ
24 valent	56 l	8 ſ
25 valent	58 l	15 ſ
26 valent	61 l	2 ſ
27 valent	63 l	9 ſ
28 valent	65 l	16 ſ
29 valent	68 l	3 ſ
30 valent	70 l	10 ſ

	livres	sols	deniers
31	72 l	17 ſ	
32	75 l	4 ſ	
33	77 l	11 ſ	
34	79 l	18 ſ	
35	82 l	5 ſ	
36	84 l	12 ſ	
37	86 l	19 ſ	
38	89 l	6 ſ	
39	91 l	13 ſ	
40	94 l	— ſ	
50	117 l	10 ſ	
60	141 l	— ſ	
70	164 l	10 ſ	
80	188 l	— ſ	
90	211 l	10 ſ	
100	235 l	— ſ	
200	470 l	— ſ	
300	705 l	— ſ	
400	940 l	— ſ	
3 quarts	1 l	15 ſ	3
le demi	1 l	3 ſ	6
le quart	— l	11 ſ	9
le 8me.	— l	5 ſ	10
le 16me.	— l	2 ſ	11
2. tiers	1 l	11 ſ	4
le tier	— l	15 ſ	8
le 6me.	— l	7 ſ	10
le 12me.	— l	3 ſ	11
le 15.me	— l	1 ſ	1

2 valent	4 l	16 ſ	31	74 l	8 ſ
3 valent	7 l	4 ſ	32	76 l	16 ſ
4 valent	9 l	12 ſ	33	79 l	4 ſ
5 valent	12 l	— ſ	34	81 l	12 ſ
6 valent	14 l	8 ſ	35	84 l	— ſ
7 valent	16 l	16 ſ	36	86 l	8 ſ
8 valent	19 l	4 ſ	37	88 l	16 ſ
9 valent	21 l	12 ſ	38	91 l	4 ſ
10 valent	24 l	— ſ	39	93 l	12 ſ
11 valent	26 l	8 ſ	40	96 l	— ſ
12 valent	28 l	16 ſ	50	120 l	— ſ
13 valent	31 l	4 ſ	60	144 l	— ſ
14 valent	33 l	12 ſ	70	168 l	— ſ
15 valent	36 l	— ſ	80	192 l	— ſ
16 valent	38 l	8 ſ	90	216 l	— ſ
17 valent	40 l	16 ſ	100	240 l	— ſ
18 valent	43 l	4 ſ	200	480 l	— ſ
19 valent	45 l	12 ſ	300	720 l	— ſ
20 valent	48 l	— ſ	400	960 l	— ſ
21 valent	50 l	8 ſ	3 quarts	1 l	16 ſ
22 valent	52 l	16 ſ	le demi	1 l	4 ſ
23 valent	55 l	4 ſ	le quart	— l	12 ſ
24 valent	57 l	12 ſ	le 8me.	— l	6 ſ
25 valent	60 l	— ſ	le 16me.	— l	3 ſ
26 valent	62 l	8 ſ	2. tiers	1 l	12 ſ
27 valent	64 l	16 ſ	le tier	— l	16 ſ
28 valent	67 l	4 ſ	le 6me.	— l	8 ſ
29 valent	69 l	12 ſ	le 12me.	— l	4 ſ
30 valent	72 l	— ſ	le 15.me	— l	3 ſ

2 valent	4 l	18 ſ	31	75 l	19 ſ	
3 valent	7 l	7 ſ	32	78 l	8 ſ	
4 valent	9 l	16 ſ	33	80 l	17 ſ	
5 valent	12 l	5 ſ	34	83 l	6 ſ	
6 valent	14 l	14 ſ	35	85 l	15 ſ	
7 valent	17 l	3 ſ	36	88 l	4 ſ	
8 valent	19 l	12 ſ	37	90 l	13 ſ	
9 valent	22 l	1 ſ	38	93 l	2 ſ	
10 valent	24 l	10 ſ	39	95 l	11 ſ	
11 valent	26 l	19 ſ	40	98 l	— ſ	
12 valent	29 l	8 ſ	50	122 l	10 ſ	
13 valent	31 l	17 ſ	60	147 l	— ſ	
14 valent	34 l	6 ſ	70	171 l	10 ſ	
15 valent	36 l	15 ſ	80	196 l	— ſ	
16 valent	39 l	4 ſ	90	220 l	10 ſ	
17 valent	41 l	13 ſ	100	245 l	— ſ	
18 valent	44 l	2 ſ	200	490 l	— ſ	
19 valent	46 l	11 ſ	300	735 l	— ſ	
20 valent	49 l	— ſ	400	980 l	— ſ	
21 valent	51 l	9 ſ	3. quarts	1 l 16 ſ		9
22 valent	53 l	18 ſ	le demi	1 l 4 ſ		6
23 valent	56 l	7 ſ	le quart	— l 12 ſ		3
24 valent	58 l	16 ſ	le 8.me	— l 6 ſ		1
25 valent	61 l	5 ſ	le 16.me	— l 3 ſ		—
26 valent	63 l	14 ſ	2. tiers	1 l 12 ſ		8
27 valent	66 l	3 ſ	le tier	— l 16 ſ		4
28 valent	68 l	12 ſ	le 6.me	— l 8 ſ		2
29 valent	71 l	1 ſ	le 12.me	— l 4 ſ		1
30 valent	73 l	10 ſ	le 15.me	— l 3 ſ		3

2 valent	5 l	— ſ
3 valent	7 l	10 ſ
4 valent	10 l	— ſ
5 valent	12 l	10 ſ
6 valent	15 l	— ſ
7 valent	17 l	10 ſ
8 valent	20 l	— ſ
9 valent	22 l	10 ſ
10 valent	25 l	— ſ
11 valent	27 l	10 ſ
12 valent	30 l	— ſ
13 valent	32 l	10 ſ
14 valent	35 l	— ſ
15 valent	37 l	10 ſ
16 valent	40 l	— ſ
17 valent	42 l	10 ſ
18 valent	45 l	— ſ
19 valent	47 l	10 ſ
20 valent	50 l	— ſ
21 valent	52 l	10 ſ
22 valent	55 l	— ſ
23 valent	57 l	10 ſ
24 valent	60 l	— ſ
25 valent	62 l	10 ſ
26 valent	65 l	— ſ
27 valent	67 l	10 ſ
28 valent	70 l	— ſ
29 valent	72 l	10 ſ
30 valent	75 l	— ſ

31	77 l	10 ſ		
32	80 l	— ſ		
33	82 l	10 ſ		
34	85 l	— ſ		
35	87 l	10 ſ		
36	90 l	— ſ		
37	92 l	10 ſ		
38	95 l	— ſ		
39	97 l	10 ſ		
40	100 l	— ſ		
50	125 l	— ſ		
60	150 l	— ſ		
70	175 l	— ſ		
80	200 l	— ſ		
90	225 l	— ſ		
100	250 l	— ſ		
200	500 l	— ſ		
300	750 l	— ſ		
400	1000 l	— ſ		
3. quarts	1 l	17 ſ	6	
le demi	1 l	5 ſ	—	
le quart	— l	12 ſ	6	
le 8me.	— l	6 ſ	3	
le 16me.	— l	3 ſ	1	
2. Tiers	1 l	13 ſ	4	
le Tier	— l	16 ſ	8	
le 6me.	— l	8 ſ	4	
le 12.me	— l	4 ſ	2	
le 15.me	— l	3 ſ	4	

2 valent	5 l 2 ſ		31	79 l 1 ſ	
3 valent	7 l 13 ſ		32	81 l 12 ſ	
4 valent	10 l 4 ſ		33	84 l 3 ſ	
5 valent	12 l 15 ſ		34	86 l 14 ſ	
6 valent	15 l 6 ſ		35	89 l 5 ſ	
7 valent	17 l 17 ſ		36	91 l 16 ſ	
8 valent	20 l 8 ſ		37	94 l 7 ſ	
9 valent	22 l 19 ſ		38	96 l 18 ſ	
10 valent	25 l 10 ſ		39	99 l 9 ſ	
11 valent	28 l 1 ſ		40	102 l — ſ	
12 valent	30 l 12 ſ		50	127 l 10 ſ	
13 valent	33 l 3 ſ		60	153 l — ſ	
14 valent	35 l 14 ſ		70	178 l 10 ſ	
15 valent	38 l 5 ſ		80	204 l — ſ	
16 valent	40 l 16 ſ		90	229 l 10 ſ	
17 valent	43 l 7 ſ		100	255 l — ſ	
18 valent	45 l 18 ſ		200	510 l — ſ	
19 valent	48 l 9 ſ		300	765 l — ſ	
20 valent	51 l — ſ		400	1020 l — ſ	
21 valent	53 l 11 ſ		3. quars	2 l 18 ſ	3
22 valent	56 l 2 ſ		le demi	1 l 5 ſ	6
23 valent	58 l 13 ſ		le quart	— l 12 ſ	9
24 valent	61 l 4 ſ		le 8me.	— l 6 ſ	4
25 valent	63 l 15 ſ		le 16me.	— l 3 ſ	2
26 valent	66 l 6 ſ		2. tiers	1 l 14 ſ	—
27 valent	68 l 17 ſ		le tier	— l 17 ſ	—
28 valent	71 l 8 ſ		le 6me.	— l 8 ſ	6
29 valent	73 l 19 ſ		le 12me.	— l 4 ſ	3
30 valent	76 l 10 ſ		le 15.me	— l 3 ſ	5

A 52. sols la Marchandise.

2 valent	5 l	4 s	31	80 l	12 s
3 valent	7 l	16 s	32	83 l	4 s
4 valent	10 l	8 s	33	85 l	16 s
5 valent	13 l	— s	34	88 l	8 s
6 valent	15 l	12 s	35	91 l	— s
7 valent	18 l	4 s	36	93 l	12 s
8 valent	20 l	16 s	37	96 l	4 s
9 valent	23 l	8 s	38	98 l	16 s
10 valent	26 l	— s	39	101 l	8 s
11 valent	28 l	12 s	40	104 l	— s
12 valent	31 l	4 s	50	130 l	— s
13 valent	33 l	16 s	60	156 l	— s
14 valent	36 l	8 s	70	182 l	— s
15 valent	39 l	— s	80	208 l	— s
16 valent	41 l	12 s	90	234 l	— s
17 valent	44 l	4 s	100	260 l	— s
18 valent	46 l	16 s	200	520 l	— s
19 valent	49 l	8 s	300	780 l	— s
20 valent	52 l	— s	400	1040 l	— s

21 valent	54 l	12 s	3. quarts	1 l	19 s	—
22 valent	57 l	4 s	le demi	1 l	6 s	—
23 valent	59 l	16 s	le quart	— l	13 s	—
24 valent	62 l	8 s	le 8me.	— l	6 s	6
25 valent	65 l	— s	le 16me.	— l	3 s	3
26 valent	67 l	12 s	2. Tiers	1 l	14 s	8
27 valent	70 l	4 s	le tier	— l	17 s	4
28 valent	72 l	16 s	le 6me.	— l	8 s	8
29 valent	75 l	8 s	le 12me.	— l	4 s	4
30 valent	78 l	— s	le 15.me	— l	3 s	5

	l	ſ
2 valent	5	6
3 valent	7	19
4 valent	10	12
5 valent	13	5
6 valent	15	18
7 valent	18	11
8 valent	21	4
9 valent	23	17
10 valent	26	10
11 valent	29	3
12 valent	31	16
13 valent	34	9
14 valent	37	2
15 valent	39	15
16 valent	42	8
17 valent	45	1
18 valent	47	14
19 valent	50	7
20 valent	53	—
21 valent	55	13
22 valent	58	6
23 valent	60	19
24 valent	63	12
25 valent	66	5
26 valent	68	18
27 valent	71	11
28 valent	74	4
29 valent	76	17
30 valent	79	10

	l	ſ	
31	82	3	
32	84	16	
33	87	9	
34	90	2	
35	92	15	
36	95	8	
37	98	1	
38	100	14	
39	105	7	
40	106	—	
50	132	10	
60	159	—	
70	185	10	
80	212	—	
90	238	10	
100	265	—	
200	530	—	
300	795	—	
400	1060	—	
3. quarts	1	19 ſ	9
le demi	1	6 ſ	6
le quart	—	13 ſ	3
le 8me.	—	6 ſ	7
le 6me.	—	3 ſ	3
2. tiers	1	15 ſ	4
le tier	—	17 ſ	8
le 6me.	—	8 ſ	10
le 12me.	—	4 ſ	5
le 15.me	—	3 ſ	6

A 54. *ſols* la Marchandiſe.

2 valent	5 l	8 ſ	31	83 l	14 ſ
3 valent	8 l	2 ſ	32	86 l	8 ſ
4 valent	10 l	16 ſ	33	89 l	2 ſ
5 valent	13 l	10 ſ	34	91 l	16 ſ
6 valent	16 l	4 ſ	35	94 l	10 ſ
7 valent	18 l	18 ſ	36	97 l	4 ſ
8 valent	21 l	12 ſ	37	99 l	18 ſ
9 valent	24 l	6 ſ	38	102 l	12 ſ
10 valent	27 l	— ſ	39	105 l	6 ſ
11 valent	29 l	14 ſ	40	108 l	— ſ
12 valent	32 l	8 ſ	50	135 l	— ſ
13 valent	35 l	2 ſ	60	162 l	— ſ
14 valent	37 l	16 ſ	70	189 l	— ſ
15 valent	40 l	10 ſ	80	216 l	— ſ
16 valent	43 l	4 ſ	90	243 l	— ſ
17 valent	45 l	18 ſ	100	270 l	— ſ
18 valent	48 l	12 ſ	200	540 l	— ſ
19 valent	51 l	6 ſ	300	810 l	— ſ
20 valent	54 l	— ſ	400.	1080 l	— ſ
21 valent	56 l	14 ſ	3. quarts	2 l	— ſ 6
22 valent	59 l	8 ſ	le demi	1 l	7 ſ —
23 valent	62 l	2 ſ	le quart	l	13 ſ 6
24 valent	64 l	16 ſ	le 8me.	l	6 ſ 9
25 valent	67 l	10 ſ	le 16me.	l	3 ſ 4
26 valent	70 l	4 ſ	2. tiers	1 l	16 ſ —
27 valent	72 l	18 ſ	le tier	l	18 ſ —
28 valent	75 l	12 ſ	le 6me.	l	9 ſ —
29 valent	78 l	6 ſ	le 12me.	l	4 ſ 6
30 valent	81 l	— ſ	le 15.m	l	3 ſ 7

A 55. ſols la Marchandiſe

2 valent	5 l	10 ſ	31	85 l	5 ſ	
3 valent	8 l	5 ſ	32	88 l	— ſ	
4 valent	11 l	— ſ	33	90 l	15 ſ	
5 valent	13 l	15 ſ	34	93 l	10 ſ	
6 valent	16 l	10 ſ	35	96 l	5 ſ	
7 valent	19 l	5 ſ	36	99 l	— ſ	
8 valent	22 l	— ſ	37	101 l	15 ſ	
9 valent	24 l	15 ſ	38	104 l	10 ſ	
10 valent	27 l	10 ſ	39	107 l	5 ſ	
11 valent	30 l	5 ſ	40	110 l	— ſ	
12 valent	33 l	— ſ	50	137 l	10 ſ	
13 valent	35 l	15 ſ	60	165 l	— ſ	
14 valent	38 l	10 ſ	70	192 l	10 ſ	
15 valent	41 l	5 ſ	80	220 l	— ſ	
16 valent	44 l	— ſ	90	247 l	10 ſ	
17 valent	46 l	15 ſ	100	275 l	— ſ	
18 valent	49 l	10 ſ	200	550 l	— ſ	
19 valent	52 l	5 ſ	300	825 l	— ſ	
20 valent	55 l	— ſ	400	1100 l	— ſ	
21 valent	57 l	15 ſ	3.quarts	2 l 1 ſ		3
22 valent	60 l	10 ſ	le demi	1 l 7 ſ		6
23 valent	63 l	5 ſ	lequart	l 13 ſ		9
24 valent	66 l	— ſ	le 8.me	l 6 ſ		10
25 valent	68 l	15 ſ	le 16.me	l 3 ſ		5
26 valent	71 l	10 ſ	2.tiers	1 l 16 ſ		8
27 valent	74 l	5 ſ	le tier	l 18 ſ		4
28 valent	77 l	— ſ	le 6.me	l 9 ſ		2
29 valent	79 l	15 ſ	le 12.me	l 4 ſ		7
30 valent	82 l	10 ſ	le 15.me	l 3 ſ		8

2 valent	5 l 12 ſ		31	86 l 16 ſ
3 valent	8 l 8 ſ		32	89 l 12 ſ
4 valent	11 l 4 ſ		33	92 l 8 ſ
5 valent	14 l — ſ		34	95 l 4 ſ
6 valent	16 l 16 ſ		35	98 l — ſ
7 valent	19 l 12 ſ		36	100 l 16 ſ
8 valent	22 l 8 ſ		37	103 l 12 ſ
9 valent	25 l 4 ſ		38	106 l 8 ſ
10 valent	28 l — ſ		39	109 l 4 ſ
11 valent	30 l 16 ſ		40	112 l — ſ
12 valent	33 l 12 ſ		50	140 l — ſ
13 valent	36 l 8 ſ		60	168 l — ſ
14 valent	39 l 4 ſ		70	196 l — ſ
15 valent	42 l — ſ		80	224 l — ſ
16 valent	44 l 16 ſ		90	252 l — ſ
17 valent	47 l 12 ſ		100	280 l — ſ
18 valent	50 l 8 ſ		200	560 l — ſ
19 valent	53 l 4 ſ		300	840 l — ſ
20 valent	56 l — ſ		400	1120 l — ſ
21 valent	58 l 16 ſ		3. quarts	2 l 2 ſ —
22 valent	61 l 12 ſ		le demi	1 l 8 ſ —
23 valent	64 l 8 ſ		le quart	— l 14 ſ
24 valent	67 l 4 ſ		le 8me.	— l 7 ſ
25 valent	70 l — ſ		le 16me.	— l 3 ſ 6
26 valent	72 l 16 ſ		2. tiers	1 l 17 ſ 4
27 valent	75 l 12 ſ		le tier	— l 18 ſ 8
28 valent	78 l 8 ſ		le 6me.	— l 9 ſ 4
29 valent	81 l 4 ſ		le 12.me	— l 4 ſ 8
30 valent	84 l — ſ		le 15.me	— l 3 ſ 8

M

A 57. ſols la Marchandiſe

2 valent	5 l 14 ſ		31	88 l	7 ſ	
3 valent	8 l 11 ſ		32	91 l	4 ſ	
4 valent	11 l 8 ſ		33	94 l	1 ſ	
5 valent	14 l 5 ſ		34	96 l	18 ſ	
6 valent	17 l 2 ſ		35	99 l	15 ſ	
7 valent	19 l 19 ſ		36	102 l	12 ſ	
8 valent	22 l 16 ſ		37	105 l	9 ſ	
9 valent	25 l 13 ſ		38	108 l	6 ſ	
10 valent	28 l 10 ſ		39	111 l	3 ſ	
11 valent	31 l 7 ſ		40	114 l	— ſ	
12 valent	34 l 4 ſ		50	142 l	10 ſ	
13 valent	37 l 1 ſ		60	171 l	— ſ	
14 valent	39 l 18 ſ		70	199 l	10 ſ	
15 valent	42 l 15 ſ		80	228 l	— ſ	
16 valent	45 l 12 ſ		90	256 l	10 ſ	
17 valent	48 l 9 ſ		100	285 l	— ſ	
18 valent	51 l 6 ſ		200	570 l	— ſ	
19 valent	54 l 3 ſ		300	855 l	— ſ	
20 valent	57 l — ſ		400	1140 l	— ſ	
21 valent	59 l 17 ſ		3. quarts	2 l	2 ſ	9
22 valent	62 l 14 ſ		le demi	1 l	8 ſ	6
23 valent	65 l 11 ſ		le quart —	1	14 ſ	3
24 valent	68 l 8 ſ		le 8.me —	l	7 ſ	1
25 valent	71 l 5 ſ		le 16.me —	l	3 ſ	6
26 valent	74 l 2 ſ		2. tiers	1 l	18 ſ	—
27 valent	76 l 19 ſ		le tier —	l	19 ſ	—
28 valent	79 l 16 ſ		le 6.me —	l	9 ſ	6
29 valent	82 l 13 ſ		le 12.me —	l	4 ſ	9
30 valent	85 l 10 ſ		le 15.me —	l	3 ſ	9

Quantité		l		ſ
2 valent	5	l	16	ſ
3 valent	8	l	14	ſ
4 valent	11	l	12	ſ
5 valent	14	l	10	ſ
6 valent	17	l	8	ſ
7 valent	20	l	6	ſ
8 valent	23	l	4	ſ
9 valent	26	l	2	ſ
10 valent	29	l	—	ſ
11 valent	31	l	18	ſ
12 valent	34	l	16	ſ
13 valent	37	l	14	ſ
14 valent	40	l	12	ſ
15 valent	43	l	10	ſ
16 valent	46	l	8	ſ
17 valent	49	l	6	ſ
18 valent	52	l	4	ſ
19 valent	55	l	2	ſ
20 valent	58	l	—	ſ
21 valent	60	l	18	ſ
22 valent	63	l	16	ſ
23 valent	66	l	14	ſ
24 valent	69	l	12	ſ
25 valent	72	l	10	ſ
26 valent	75	l	8	ſ
27 valent	78	l	6	ſ
28 valent	81	l	4	ſ
29 valent	84	l	2	ſ
30 valent	87	l	—	ſ

Quantité		l		ſ		d
31	89	l	18	ſ		
32	92	l	16	ſ		
33	95	l	14	ſ		
34	98	l	12	ſ		
35	101	l	10	ſ		
36	104	l	8	ſ		
37	107	l	6	ſ		
38	110	l	4	ſ		
39	113	l	2	ſ		
40	116	l	—	ſ		
50	145	l	—	ſ		
60	174	l	—	ſ		
70	203	l	—	ſ		
80	232	l	—	ſ		
90	261	l	—	ſ		
100	290	l	—	ſ		
200	580	l	—	ſ		
300	870	l	—	ſ		
400	1160	l	—	ſ		
3. quarts	2	l	3	ſ	6	
le dmi	1	l	9	ſ	—	
le quart	—	l	14	ſ	6	
le 8.me	—	l	7	ſ	3	
le 16.me	—	l	3	ſ	7	
2. tiers.	1	l	18	ſ	8	
le tier	—	l	19	ſ	4	
le 16.me	—	l	9	ſ	8	
le 2.me	—	l	4	ſ	10	
le 15.me	—	l	3	ſ	10	

M **

2 valent	5 l	18 ſ		31	91 l	9 ſ
3 valent	8 l	17 ſ		32	94 l	8 ſ
4 valent	11 l	16 ſ		33	97 l	7 ſ
5 valent	14 l	15 ſ		34	100 l	6 ſ
6 valent	17 l	14 ſ		35	103 l	5 ſ
7 valent	20 l	13 ſ		36	106 l	4 ſ
8 valent	23 l	12 ſ		37	109 l	3 ſ
9 valent	26 l	11 ſ		38	112 l	2 ſ
10 valent	29 l	10 ſ		39	115 l	1 ſ
11 valent	32 l	9 ſ		40	118 l	— ſ
12 valent	35 l	8 ſ		50	147 l	10 ſ
13 valent	38 l	7 ſ		60	177 l	— ſ
14 valent	41 l	6 ſ		70	206 l	10 ſ
15 valent	44 l	5 ſ		80	236 l	— ſ
16 valent	47 l	4 ſ		90	265 l	10 ſ
17 valent	50 l	3 ſ		100	295 l	— ſ
18 valent	53 l	2 ſ		200	590 l	— ſ
19 valent	56 l	1 ſ		300	885 l	— ſ
20 valent	59 l	— ſ		400	1180 l	— ſ
21 valent	61 l	19 ſ		3 quarts	2 l	4 ſ 3
22 valent	64 l	18 ſ		le demi	1 l	9 ſ 6
23 valent	67 l	17 ſ		le quart	— l	14 ſ 9
24 valent	70 l	16 ſ		le 8me.	— l	7 ſ 4
25 valent	73 l	15 ſ		le 16me.	— l	3 ſ 8
26 valent	76 l	14 ſ		2. tiers	1 l	19 ſ 4
27 valent	79 l	13 ſ		le tier	— l	19 ſ 8
28 valent	82 l	12 ſ		le 6me.	— l	9 ſ 10
29 valent	85 l	11 ſ		le 12me.	— l	4 ſ 11
30 valent	88 l	10 ſ		le 15.me	— l	3 ſ 11

2 valent	6 l	ſ	31	93 l ſ
3 valent	9 l	ſ	32	96 l ſ
4 valent	12 l	ſ	33	99 l ſ
5 valent	15 l	ſ	34	102 l ſ
6 valent	18 l	ſ	35	105 l ſ
7 valent	21 l	ſ	36	108 l ſ
8 valent	24 l	ſ	37	111 l ſ
9 valent	27 l	ſ	38	114 l ſ
10 valent	30 l	ſ	39	117 l ſ
11 valent	33 l	ſ	40	120 l ſ
12 valent	36 l	ſ	50	150 l ſ
13 valent	39 l	ſ	60	180 l ſ
14 valent	42 l	ſ	70	210 l ſ
15 valent	45 l	ſ	80	240 l ſ
16 valent	48 l	ſ	90	270 l ſ
17 valent	51 l	ſ	100	300 l ſ
18 valent	54 l	ſ	200	600 l ſ
19 valent	57 l	ſ	300	900 l ſ
20 valent	60 l	ſ	400	1200 l ſ
21 valent	63 l	ſ	3. quarts	2 l ſ —
22 valent	66 l	ſ	le demi	1 l 10 ſ —
23 valent	69 l	ſ	le quart —	1 15 ſ —
24 valent	72 l	ſ	le 8me. —	1 7 ſ 6
25 valent	75 l	ſ	le 16me. —	1 3 ſ 9
26 valent	78 l	ſ	2. tiers	2 l — ſ —
27 valent	81 l	ſ	le tier	1 l — ſ —
28 valent	84 l	ſ	le 6me. —	1 10 ſ —
29 valent	87 l	ſ	le 12me. —	1 5 ſ —
30 valent	90 l	ſ	le 15.me —	1 4 ſ —

M ***

2 valent	6 l 10 ſ		31	100 l 15 ſ	
3 valent	9 l 15 ſ		32	104 l — ſ	
4 valent	13 l — ſ		33	107 l 5 ſ	
5 valent	16 l 5 ſ		34	110 l 10 ſ	
6 valent	19 l 10 ſ		35	113 l 15 ſ	
7 valent	22 l 15 ſ		36	117 l — ſ	
8 valent	26 l — ſ		37	120 l 5 ſ	
9 valent	29 l 5 ſ		38	123 l 10 ſ	
10 valent	32 l 10 ſ		39	126 l 15 ſ	
11 valent	35 l 15 ſ		40	130 l — ſ	
12 valent	39 l — ſ		50	162 l 10 ſ	
13 valent	42 l 5 ſ		60	195 l — ſ	
14 valent	45 l 10 ſ		70	127 l 10 ſ	
15 valent	48 l 15 ſ		80	260 l — ſ	
16 valent	52 l — ſ		90	292 l 10 ſ	
17 valent	55 l 5 ſ		100	325 l — ſ	
18 valent	58 l 10 ſ		200	650 l — ſ	
19 valent	61 l 15 ſ		300	975 l — ſ	
20 valent	65 l — ſ		400	1300 l — ſ	
21 valent	68 l 5 ſ		3. quarts	2 l 8 ſ	9
22 valent	71 l 10 ſ		le demi	1 l 12 ſ	6
23 valent	74 l 15 ſ		le quart	— l 16 ſ	3
24 valent	78 l — ſ		le 8me.	— l 8 ſ	1
25 valent	81 l 5 ſ		le 16me.	— l 4 ſ	—
26 valent	84 l 10 ſ		2. tiers	2 l 3 ſ	4
27 valent	87 l 15 ſ		le tier	1 l 1 ſ	8
28 valent	91 l — ſ		le 6me.	— l 10 ſ	10
29 valent	94 l 5 ſ		le 12me.	— l 5 ſ	5
30 valent	97 l 10 ſ		le 15.me	— l 4 ſ	4

2 valent	7 l — s		31	108 l 10 s		
3 valent	10 l 10 s		32	112 l — s		
4 valent	14 l — s		33	115 l 10 s		
5 valent	17 l 10 s		34	119 l — s		
6 valent	21 l — s		35	122 l 10 s		
7 valent	24 l 10 s		36	126 l — s		
8 valent	28 l — s		37	129 l 10 s		
9 valent	31 l 10 s		38	133 l — s		
10 valent	35 l — s		39	136 l 10 s		
11 valent	38 l 10 s		40	140 l — s		
12 valent	42 l — s		50	175 l — s		
13 valent	45 l 10 s		60	210 l — s		
14 valent	49 l — s		70	245 l — s		
15 valent	52 l 10 s		80	280 l — s		
16 valent	56 l — s		90	315 l — s		
17 valent	59 l 10 s		100	350 l — s		
18 valent	63 l — s		200	700 l — s		
19 valent	66 l 10 s		300	1050 l — s		
20 valent	70 l — s		400	1400 l — s		
21 valent	73 l 10 s		3. quarts	2 l	12 s	6
22 valent	77 l — s		le demi	1 l	15 s	—
23 valent	80 l 10 s		le quart	— l	17 s	6
24 valent	84 l — s		le 8.me	— l	8 s	9
25 valent	87 l 10 s		le 16.me	— l	4 s	4
26 valent	91 l — s		2. Tiers	2 l	6 s	8
27 valent	94 l 10 s		le Tier	1 l	3 s	4
28 valent	98 l — s		le 6.me	— l	11 s	8
29 valent	101 l 10 s		le 12.me	— l	5 s	10
30 valent	105 l — s		le 15.me	— l	4 s	8

		l	ſ
2 valent	7	l	10 ſ
3 valent	11	l	5 ſ
4 valent	15	l	— ſ
5 valent	18	l	15 ſ
6 valent	22	l	10 ſ
7 valent	26	l	5 ſ
8 valent	30	l	— ſ
9 valent	33	l	15 ſ
10 valent	37	l	10 ſ
11 valent	41	l	5 ſ
12 valent	45	l	— ſ
13 valent	48	l	15 ſ
14 valent	52	l	10 ſ
15 valent	56	l	5 ſ
16 valent	60	l	— ſ
17 valent	63	l	15 ſ
18 valent	67	l	10 ſ
19 valent	71	l	5 ſ
20 valent	75	l	— ſ
21 valent	78	l	15 ſ
22 valent	82	l	10 ſ
23 valent	86	l	5 ſ
24 valent	90	l	— ſ
25 valent	93	l	15 ſ
26 valent	97	l	10 ſ
27 valent	101	l	5 ſ
28 valent	105	l	— ſ
29 valent	108	l	15 ſ
30 valent	112	l	10 ſ

		l	ſ	
31	116	l	5 ſ	
32	120	l	— ſ	
33	123	l	15 ſ	
34	127	l	10 ſ	
35	131	l	5 ſ	
36	135	l	— ſ	
37	138	l	15 ſ	
38	142	l	10 ſ	
39	146	l	5 ſ	
40	150	l	— ſ	
50	187	l	10 ſ	
60	225	l	— ſ	
70	262	l	10 ſ	
80	300	l	— ſ	
90	337	l	10 ſ	
100	375	l	— ſ	
200	750	l	— ſ	
300	1125	l	— ſ	
400	1500	l	— ſ	
3. quars	2	l	16 ſ	3
le demi	1	l	17 ſ	6
le quart	—	l	18 ſ	9
le 8me.	—	l	9 ſ	4
le 16me.	—	l	4 ſ	8
2. tiers	2	l	10 ſ	—
le tier	1	l	5 ſ	—
le 6me.	—	l	12 ſ	6
le 12me.	—	l	6 ſ	3
le 24.me	—	l	3 ſ	—

2 valent	8 l	ſ		31	124 l	ſ
3 valent	12 l	ſ		32	128 l	ſ
4 valent	16 l	ſ		33	132 l	ſ
5 valent	20 l	ſ		34	136 l	ſ
6 valent	24 l	ſ		35	140 l	ſ
7 valent	28 l	ſ		36	144 l	ſ
8 valent	32 l	ſ		37	148 l	ſ
9 valent	36 l	ſ		38	152 l	ſ
10 valent	40 l	ſ		39	156 l	ſ
11 valent	44 l	ſ		40	160 l	ſ
12 valent	48 l	ſ		50	200 l	ſ
13 valent	52 l	ſ		60	240 l	ſ
14 valent	56 l	ſ		70	280 l	ſ
15 valent	60 l	ſ		80	320 l	ſ
16 valent	64 l	ſ		90	360 l	ſ
17 valent	68 l	ſ		100	400 l	ſ
18 valent	72 l	ſ		200	800 l	ſ
19 valent	76 l	ſ		300	1200 l	ſ
20 valent	80 l	ſ		400	1600 l	ſ
21 valent	84 l	ſ		3 *quarts*	3 l —	ſ —
22 valent	88 l	ſ		*le demi*	2 l —	ſ —
23 valent	92 l	ſ		*le quarts*	1 l —	ſ —
24 valent	96 l	ſ		*le* 8me.	— l 10	ſ —
25 valent	100 l	ſ		*le* 6me.	— l	5 ſ —
26 valent	104 l	ſ		2. *Tiers*	2 l 13	ſ 4
27 valent	108 l	ſ		*le tier*	1 l 6	ſ 8
28 valent	112 l	ſ		*le* 6me.	— l 13	ſ 4
29 valent	116 l	ſ		*le* 12me.	— l 6	ſ 8
30 valent	120 l	ſ		*le* 15.me	— l	5 ſ 4

A 4. l 5. *sols* la Marchandise.

2 valent	8 l	10 s	31	131 l	15 s		
3 valent	12 l	15 s	32	136 l	— s		
4 valent	17 l	— s	33	140 l	5 s		
5 valent	21 l	5 s	34	144 l	10 s		
6 valent	25 l	10 s	35	148 l	15 s		
7 valent	29 l	15 s	36	153 l	— s		
8 valent	34 l	— s	37	157 l	5 s		
9 valent	38 l	5 s	38	161 l	10 s		
10 valent	42 l	10 s	39	165 l	15 s		
11 valent	46 l	15 s	40	170 l	— s		
12 valent	51 l	— s	50	212 l	10 s		
13 valent	55 l	5 s	60	255 l	— s		
14 valent	59 l	10 s	70	297 l	10 s		
15 valent	63 l	15 s	80	340 l	— s		
16 valent	68 l	— s	90	382 l	10 s		
17 valent	72 l	5 s	100	425 l	— s		
18 valent	76 l	10 s	200	850 l	— s		
19 valent	80 l	15 s	300	1275 l	— s		
20 valent	85 l	— s	400	1700 l	— s		
21 valent	89 l	5 s	*3. quarts*	3 l	3 s	9
22 valent	93 l	10 s	*le demi*	2 l	2 s	6
23 valent	97 l	15 s	*le quart*	1 l	1 s	3
24 valent	102 l	— s	*le* 8me.	— l	10 s	7
25 valent	106 l	5 s	*le* 6me.	— l	5 s	3
26 valent	110 l	10 s	*2. tiers*	2 l	16 s	8
27 valent	114 l	15 s	*le tier*	1 l	8 s	4
28 valent	119 l	— s	*le* 6me.	— l	14 s	2
29 valent	123 l	5 s	*le* 12me.	— l	7 s	1
30 valent	127 l	10 s	*le* 15.me	— l	5 s	8

A 4.l.10. *ſols* la Marchandiſe.

2 valent	9 l	— ſ	
3 valent	13 l	10 ſ	
4 valent	18 l	— ſ	
5 valent	22 l	10 ſ	
6 valent	27 l	— ſ	
7 valent	31 l	10 ſ	
8 valent	36 l	— ſ	
9 valent	40 l	10 ſ	
10 valent	45 l	— ſ	
11 valent	49 l	10 ſ	
12 valent	54 l	— ſ	
13 valent	58 l	10 ſ	
14 valent	63 l	— ſ	
15 valent	67 l	10 ſ	
16 valent	72 l	— ſ	
17 valent	76 l	10 ſ	
18 valent	81 l	— ſ	
19 valent	85 l	10 ſ	
20 valent	90 l	— ſ	
21 valent	94 l	10 ſ	
22 valent	99 l	— ſ	
23 valent	103 l	10 ſ	
24 valent	108 l	— ſ	
25 valent	112 l	10 ſ	
26 valent	117 l	— ſ	
27 valent	121 l	10 ſ	
28 valent	126 l	— ſ	
29 valent	130 l	10 ſ	
30 valent	135 l	— ſ	
31	139 l	10 ſ	
32	144 l	— ſ	
33	148 l	10 ſ	
34	153 l	— ſ	
35	157 l	10 ſ	
36	162 l	— ſ	
37	166 l	10 ſ	
38	171 l	— ſ	
39	175 l	10 ſ	
40	180 l	— ſ	
50	225 l	— ſ	
60	270 l	— ſ	
70	315 l	— ſ	
80	360 l	— ſ	
90	405 l	— ſ	
100	450 l	— ſ	
200	900 l	— ſ	
300	1350 l	— ſ	
400	1800 l	— ſ	
3. quarts	3 l	7 ſ	6
le demi	2 l	5 ſ	—
le quart	1 l	2 ſ	6
le 8me.	— l	11 ſ	3
le 16me.	— l	5 ſ	7
2. tiers	3 l	— ſ	—
le tier	1 l	10 ſ	—
le 6me.	— l	15 ſ	—
le 12me.	— l	7 ſ	6
le 15.m	— l	6 ſ	—

2 valent	9 l	10 ſ		31	147 l	5 ſ	
3 valent	14 l	5 ſ		32	152 l	— ſ	
4 valent	19 l	— ſ		33	156 l	15 ſ	
5 valent	23 l	15 ſ		34	161 l	10 ſ	
6 valent	28 l	10 ſ		35	166 l	5 ſ	
7 valent	33 l	5 ſ		36	171 l	— ſ	
8 valent	38 l	— ſ		37	175 l	15 ſ	
9 valent	42 l	15 ſ		38	180 l	10 ſ	
10 valent	47 l	10 ſ		39	185 l	5 ſ	
11 valent	52 l	5 ſ		40	190 l	— ſ	
12 valent	57 l	— ſ		50	237 l	10 ſ	
13 valent	61 l	15 ſ		60	285 l	— ſ	
14 valent	66 l	10 ſ		70	332 l	10 ſ	
15 valent	71 l	5 ſ		80	380 l	— ſ	
16 valent	76 l	— ſ		90	427 l	10 ſ	
17 valent	80 l	15 ſ		100	475 l	— ſ	
18 valent	85 l	10 ſ		200	950 l	— ſ	
19 valent	90 l	5 ſ		300	1425 l	— ſ	
20 valent	95 l	— ſ		400	1900 l	— ſ	
21 valent	99 l	15 ſ		3. quarts	3 l	11 ſ	3
22 valent	104 l	10 ſ		le demi	2 l	7 ſ	6
23 valent	109 l	5 ſ		le quart	1 l	3 ſ	9
24 valent	114 l	— ſ		le 8.me	— l	11 ſ	10
25 valent	118 l	15 ſ		le 16.me	— l	5 ſ	11
26 valent	123 l	10 ſ		2. tiers	3 l	3 ſ	4
27 valent	128 l	5 ſ		le tier	1 l	11 ſ	8
28 valent	133 l	— ſ		le 6me	— l	15 ſ	10
29 valent	137 l	15 ſ		le 12.me	— l	7 ſ	11
30 valent	142 l	10 ſ		le 15.me	— l	6 ſ	4

2 valent 10 l	ſ	31	155 l	ſ	
3 valent 15 l	ſ	32	160 l	ſ	
4 valent 20 l	ſ	33	165 l	ſ	
5 valent 25 l	ſ	34	170 l	ſ	
6 valent 30 l	ſ	35	175 l	ſ	
7 valent 35 l	ſ	36	180 l	ſ	
8 valent 40 l	ſ	37	185 l	ſ	
9 valent 45 l	ſ	38	190 l	ſ	
10 valent 50 l	ſ	39	295 l	ſ	
11 valent 55 l	ſ	40	200 l	ſ	
12 valent 60 l	ſ	50	250 l	ſ	
13 valent 65 l	ſ	60	300 l	ſ	
14 valent 70 l	ſ	70	350 l	ſ	
15 valent 75 l	ſ	80	400 l	ſ	
16 valent 80 l	ſ	90	450 l	ſ	
17 valent 85 l	ſ	100	500 l	ſ	
18 valent 90 l	ſ	200	1000 l	ſ	
19 valent 95 l	ſ	300	1500 l	ſ	
20 valent 100 l	ſ	400	2000 l	ſ	
21 valent 105 l	ſ	3. quarts	3 l 15	ſ —	
22 valent 110 l	ſ	le demi	2 l 10	ſ —	
23 valent 115 l	ſ	le quart	1 l 5	ſ —	
24 valent 120 l	ſ	le 8me.	— l 12	ſ	8
25 valent 125 l	ſ	le 16me.	— l 6	ſ	3
26 valent 130 l	ſ	2. tiers	3 l 6	ſ	8
27 valent 135 l	ſ	le tier	1 l 13	ſ	4
28 valent 140 l	ſ	le 6me.	— l 16	ſ	8
29 valent 145 l	ſ	le 12.me	— l 8	ſ	4
30 valent 150 l	ſ	le 15.me	— l 6	ſ	8

N

2 valent	10 l 10 ∫	31	162 l 15 ∫	
3 valent	15 l 15 ∫	32	168 l — ∫	
4 valent	21 l — ∫	33	173 l 5 ∫	
5 valent	26 l 5 ∫	34	178 l 10 ∫	
6 valent	31 l 10 ∫	35	183 l 15 ∫	
7 valent	36 l 15 ∫	36	189 l — ∫	
8 valent	42 l — ∫	37	194 l 5 ∫	
9 valent	47 l 5 ∫	38	199 l 10 ∫	
10 valent	52 l 10 ∫	39	204 l 15 ∫	
11 valent	57 l 15 ∫	40	210 l — ∫	
12 valent	63 l — ∫	50	262 l 10 ∫	
13 valent	68 l 5 ∫	60	315 l — ∫	
14 valent	73 l 10 ∫	70	367 l 10 ∫	
15 valent	78 l 15 ∫	80	420 l — ∫	
16 valent	84 l — ∫	90	472 l 10 ∫	
17 valent	89 l 5 ∫	100	525 l — ∫	
18 valent	94 l 10 ∫	200	1050 l — ∫	
19 valent	99 l 15 ∫	300	1575 l — ∫	
20 valent	105 l — ∫	400	2100 l — ∫	
21 valent	110 l 5 ∫	3. quarts	3 l 18 ∫	9
22 valent	115 l 10 ∫	le demi	2 l 12 ∫	6
23 valent	120 l 15 ∫	le quart	1 l 6 ∫	3
24 valent	126 l — ∫	le 8.me	— l 13 ∫	1
25 valent	131 l 5 ∫	le 16.me	— l 6 ∫	6
26 valent	136 l 10 ∫	2. tiers	3 l 10 ∫	—
27 valent	141 l 15 ∫	le tier	1 l 15 ∫	—
28 valent	147 l — ∫	le 6.me	— l 17 ∫	6
29 valent	152 l 5 ∫	le 12.me	— l 8 ∫	9
30 valent	157 l 10 ∫	le 15.me	— l 7 ∫	—

2 valent	11 l	— s		31	170 l	10 s		
3 valent	16 l	10 s		32	176 l	— s		
4 valent	22 l	— s		33	181 l	10 s		
5 valent	27 l	10 s		34	187 l	— s		
6 valent	33 l	— s		35	192 l	10 s		
7 valent	38 l	10 s		36	198 l	— s		
8 valent	44 l	— s		37	203 l	10 s		
9 valent	49 l	10 s		38	209 l	— s		
10 valent	55 l	— s		39	214 l	10 s		
11 valent	60 l	10 s		40	220 l	— s		
12 valent	66 l	— s		50	275 l	— s		
13 valent	71 l	10 s		60	330 l	— s		
14 valent	77 l	— s		70	385 l	— s		
15 valent	82 l	10 s		80	440 l	— s		
16 valent	88 l	— s		90	495 l	— s		
17 valent	93 l	10 s		100	550 l	— s		
18 valent	99 l	— s		200	1100 l	— s		
19 valent	104 l	10 s		300	1650 l	— s		
20 valent	110 l	— s		400	2200 l	— s		
21 valent	115 l	10 s		3. quarts	4 l	2 s	6	
22 valent	121 l	— s		le demi	2 l	15 s	—	
23 valent	126 l	10 s		le quart	1 l	7 s	6	
24 valent	132 l	— s		le 8me.	— l	13 s	9	
25 valent	137 l	10 s		le 16me.	— l	6 s	10	
26 valent	143 l	— s		2. tiers	3 l	13 s	4	
27 valent	148 l	10 s		le tier	1 l	16 s.	8	
28 valent	154 l	— s		le 6me.	— l	18 s.	4	
29 valent	159 l	10 s		le 12me.	— l	9 s	2	
30 valent	165 l	— s		le 15.m	— l	7 s	4	

M * *

	livres	sols
2 valent	11 l	8 ſ
3 valent	17 l	2 ſ
4 valent	22 l	16 ſ
5 valent	28 l	10 ſ
6 valent	34 l	4 ſ
7 valent	39 l	18 ſ
8 valent	45 l	12 ſ
9 valent	51 l	6 ſ
10 valent	57 l	— ſ
11 valent	62 l	14 ſ
12 valent	68 l	8 ſ
13 valent	74 l	2 ſ
14 valent	79 l	16 ſ
15 valent	85 l	10 ſ
16 valent	91 l	4 ſ
17 valent	96 l	18 ſ
18 valent	102 l	12 ſ
19 valent	108 l	6 ſ
20 valent	114 l	— ſ
21 valent	119 l	14 ſ
22 valent	125 l	8 ſ
23 valent	131 l	2 ſ
24 valent	136 l	16 ſ
25 valent	142 l	10 ſ
26 valent	148 l	4 ſ
27 valent	153 l	18 ſ
28 valent	159 l	12 ſ
29 valent	165 l	6 ſ
30 valent	171 l	— ſ

	livres	sols	
31	176 l	14 ſ	
32	182 l	8 ſ	
33	188 l	2 ſ	
34	193 l	16 ſ	
35	199 l	10 ſ	
36	205 l	4 ſ	
37	210 l	18 ſ	
38	216 l	12 ſ	
39	221 l	6 ſ	
40	228 l	— ſ	
50	285 l	— ſ	
60	342 l	— ſ	
70	399 l	— ſ	
80	456 l	— ſ	
90	513 l	— ſ	
100	570 l	— ſ	
200	1140 l	— ſ	
300	1710 l	— ſ	
400	2280 l	— ſ	
3. quarts	4 l	5 ſ	6
le demi	2 l	17 ſ	—
le quart	1 l	8 ſ	6
le 8.me	— l	14 ſ	3
le 16.me	— l	7 ſ	1
2. tiers	3 l	16 ſ	—
le tier	1 l	18 ſ	—
le 6 me	— l	19 ſ	—
le 12.me	— l	9 ſ	6
le 15.me	— l	7 ſ	7

2 valent	12 l	ſ	31	186 l	ſ
3 valent	18 l	ſ	32	192 l	ſ
4 valent	24 l	ſ	33	198 l	ſ
5 valent	30 l	ſ	34	204 l	ſ
6 valent	36 l	ſ	35	210 l	ſ
7 valent	42 l	ſ	36	216 l	ſ
8 valent	48 l	ſ	37	222 l	ſ
9 valent	54 l	ſ	38	228 l	ſ
10 valent	60 l	ſ	39	234 l	ſ
11 valent	66 l	ſ	40	240 l	ſ
12 valent	72 l	ſ	50	300 l	ſ
13 valent	78 l	ſ	60	360 l	ſ
14 valent	84 l	ſ	70	420 l	ſ
15 valent	90 l	ſ	80	480 l	ſ
16 valent	96 l	ſ	90	540 l	ſ
17 valent	102 l	ſ	100	600 l	ſ
18 valent	108 l	ſ	200	1200 l	ſ
19 valent	114 l	ſ	300	1800 l	ſ
20 valent	120 l	ſ	400	2400 l	ſ
21 valent	126 l	ſ	3 *quarts* 4 l	10 ſ	—
22 valent	132 l	ſ	*le demi* 3 l	— ſ	—
23 valent	138 l	ſ	*le quart* 1 l	10 ſ	—
24 valent	144 l	ſ	*le* 8.me — l	15 ſ	—
25 valent	150 l	ſ	*le* 16.me — l	7 ſ	6
26 valent	156 l	ſ	2. *tiers* 4 l	— ſ	—
27 valent	162 l	ſ	*le tier* 2 l	— ſ	—
28 valent	168 l	ſ	*le* 6.me 1 l	— ſ	—
29 valent	174 l	ſ	*le* 12.me — l	10 ſ	—
30 valent	180 l	ſ	*le* 15.me — l	8 ſ	—

N ***

A 6 l. 5 sols la Marchandise.

		l	s				l	s	
2 valent	12	l	10 s		31	193	l	15 s	
3 valent	18	l	15 s		32	200	l	— s	
4 valent	25	l	— s		33	206	l	5 s	
5 valent	31	l	5 s		34	212	l	10 s	
6 valent	37	l	10 s		35	218	l	15 s	
7 valent	43	l	15 s		36	225	l	— s	
8 valent	50	l	— s		37	231	l	5 s	
9 valent	56	l	5 s		38	237	l	10 s	
10 valent	62	l	10 s		39	243	l	15 s	
11 valent	68	l	15 s		40	250	l	— s	
12 valent	75	l	— s		50	312	l	10 s	
13 valent	81	l	5 s		60	375	l	— s	
14 valent	87	l	10 s		70	437	l	10 s	
15 valent	93	l	15 s		80	500	l	— s	
16 valent	100	l	— s		90	562	l	10 s	
17 valent	106	l	5 s		100	625	l	— s	
18 valent	112	l	10 s		200	1250	l	— s	
19 valent	118	l	15 s		300	1875	l	— s	
20 valent	125	l	— s		400	2500	l	— s	
21 valent	131	l	5 s		3. quarts	4	l	13 s	9
22 valent	137	l	10 s		le demi	3	l	2 s	6
23 valent	143	l	15 s		le quart	1	l	11 s	3
24 valent	150	l	— s		le 8me.	—	l	15 s	7
25 valent	156	l	5 s		le 16me.	—	l	7 s	9
26 valent	162	l	10 s		2. tiers	4	l	3 s	4
27 valent	168	l	15 s		le tier	2	l	1 s	8
28 valent	175	l	— s		le 6me.	1	l	— s	10
29 valent	181	l	5 s		le 12me.	—	l	10 s	5
30 valent	187	l	10 s		le 15.me	—	l	8 s	4

A 6 l. 10 sols la Marchandise

2 valent	13 l — s	31	201 l 10 s				
3 valent	19 l 10 s	32	208 l — s				
4 valent	26 l — s	33	214 l 10 s				
5 valent	32 l 10 s	34	221 l — s				
6 valent	39 l — s	35	227 l 10 s				
7 valent	45 l 10 s	36	234 l — s				
8 valent	52 l — s	37	240 l 10 s				
9 valent	58 l 10 s	38	247 l — s				
10 valent	65 l — s	39	253 l 10 s				
11 valent	71 l 10 s	40	260 l — s				
12 valent	78 l — s	50	325 l — s				
13 valent	84 l 10 s	60	390 l — s				
14 valent	91 l — s	70	455 l — s				
15 valent	97 l 10 s	80	520 l — s				
16 valent	104 l — s	90	585 l — s				
17 valent	110 l 10 s	100	650 l — s				
18 valent	117 l — s	200	1300 l — s				
19 valent	123 l 10 s	300	1950 l — s				
20 valent	130 l — s	400	2600 l — s				
21 valent	136 l 10 s	3. quarts	4 l	17 s	6		
22 valent	143 l — s	le demi	3 l	5 s	—		
23 valent	149 l 10 s	le quart	1 l	12 s	6		
24 valent	156 l — s	le 8me	— l	16 s	3		
25 valent	162 l 10 s	le 16me	— l	8 s	1		
26 valent	169 l — s	2. Tiers	4 l	6 s	8		
27 valent	175 l 10 s	le Tier	2 l	3 s	4		
28 valent	182 l — s	le 6me	1 l	1 s	8		
29 valent	188 l 10 s	le 12. me	— l	10 s	10		
30 valent	195 l — s	le 15. me	— l	8 s	8		

A 6.l.15.ſols la Marchandiſe.

	l	s			l	s	d
2 valent	13	10	31	209	15	
3 valent	20	5	32	216	—	
4 valent	27	—	33	222	15	
5 valent	33	15	34	229	10	
6 valent	40	10	35	236	5	
7 valent	47	5	36	243	—	
8 valent	54	—	37	249	15	
9 valent	60	15	38	256	10	
10 valent	67	10	39	263	5	
11 valent	74	5	40	270	—	
12 valent	81	—	50	337	10	
13 valent	87	15	60	405	—	
14 valent	94	10	70	472	10	
15 valent	101	5	80	540	—	
16 valent	108	—	90	607	10	
17 valent	114	15	100	675	—	
18 valent	121	10	200	1350	—	
19 valent	128	5	300	2025	—	
20 valent	135	—	400	2700	—	
21 valent	141	15	3. quars	5	1	3
22 valent	148	10	le demi	3	7	6
23 valent	155	5	le quart	1	13	9
24 valent	162	—	le 8me.	—	16	10
25 valent	168	15	le 16me.	—	8	5
26 valent	175	10	2. tiers	4	10	—
27 valent	182	5	le tier	2	5	—
28 valent	189	—	le 6me.	1	2	6
29 valent	195	15	le 12me.	—	11	3
30 valent	202	10	le 15me.	—	9	—

		l	ſ			l	ſ
2 valent	14	l	ſ	31	217	l	ſ
3 valent	21	l	ſ	32	224	l	ſ
4 valent	28	l	ſ	33	231	l	ſ
5 valent	35	l	ſ	34	238	l	ſ
6 valent	42	l	ſ	35	245	l	ſ
7 valent	49	l	ſ	36	252	l	ſ
8 valent	56	l	ſ	37	259	l	ſ
9 valent	63	l	ſ	38	266	l	ſ
10 valent	70	l	ſ	39	273	l	ſ
11 valent	77	l	ſ	40	280	l	ſ
12 valent	84	l	ſ	50	350	l	ſ
13 valent	91	l	ſ	60	420	l	ſ
14 valent	98	l	ſ	70	490	l	ſ
15 valent	105	l	ſ	80	560	l	ſ
16 valent	112	l	ſ	90	630	l	ſ
17 valent	119	l	ſ	100	700	l	ſ
18 valent	126	l	ſ	200	1400	l	ſ
19 valent	133	l	ſ	300	2100	l	ſ
20 valent	140	l	ſ	400	2800	l	ſ
21 valent	147	l	ſ	3 *quarts*	5 l	5 ſ	—
22 valent	154	l	ſ	*le demi*	3 l	10 ſ	—
23 valent	161	l	ſ	*le quart*	1 l	15 ſ	—
24 valent	168	l	ſ	*le* 8me.	— l	17 ſ	6
25 valent	175	l	ſ	*le* 16me.	— l	8 ſ	9
26 valent	182	l	ſ	2. *tiers*	4 l	13 ſ	4
27 valent	189	l	ſ	*le tier*	2 l	6 ſ	8
28 valent	196	l	ſ	*le* 6me.	1 l	3 ſ	4
29 valent	203	l	ſ	*le* 12me.	— l	11 ſ	8
30 valent	210	l	ſ	*le* 15.me	— l	9 ſ	4

A 7. l. 5. ſols la Marchandiſe.

		l.	s.
2	valent	14	10
3	valent	21	15
4	valent	29	—
5	valent	36	5
6	valent	43	10
7	valent	50	15
8	valent	58	—
9	valent	65	5
10	valent	72	10
11	valent	79	15
12	valent	87	—
13	valent	94	5
14	valent	101	10
15	valent	108	15
16	valent	116	—
17	valent	123	5
18	valent	130	10
19	valent	137	15
20	valent	145	—
21	valent	152	5
22	valent	159	10
23	valent	166	15
24	valent	174	—
25	valent	181	5
26	valent	188	10
27	valent	195	15
28	valent	203	—
29	valent	210	5
30	valent	217	10

	l.	s.
31	224	15
32	232	—
33	239	5
34	246	10
35	253	15
36	261	—
37	268	5
38	275	10
39	282	15
40	290	—
50	362	10
60	435	—
70	507	10
80	580	—
90	652	10
100	725	—
200	1450	—
300	2175	—
400	2900	—

	l.	s.	d.
3. quarts	5	8	9
le demi	3	12	6
le quarts	1	16	3
le 8 me.	—	18	1
le 6me.	—	9	—
2. Tiers	4	16	8
le tier	2	8	4
le 6me.	1	4	2
le 12me.	—	12	1
le 15.me	—	9	8

A 7 l. 10. *sols* la Marchandise.

2 valent	15 l	— ſ		31	232 l	10 ſ
3 valent	22 l	10 ſ		32	240 l	— ſ
4 valent	30 l	— ſ		33	247 l	10 ſ
5 valent	37 l	10 ſ		34	255 l	— ſ
6 valent	45 l	— ſ		35	262 l	10 ſ
7 valent	52 l	10 ſ		36	270 l	— ſ
8 valent	60 l	— ſ		37	277 l	10 ſ
9 valent	67 l	10 ſ		38	285 l	— ſ
10 valent	75 l	— ſ		39	292 l	10 ſ
11 valent	82 l	10 ſ		40	300 l	— ſ
12 valent	90 l	— ſ		50	375 l	— ſ
13 valent	97 l	10 ſ		60	450 l	— ſ
14 valent	105 l	— ſ		70	525 l	— ſ
15 valent	112 l	10 ſ		80	606 l	— ſ
16 valent	120 l	— ſ		90	675 l	— ſ
17 valent	127 l	10 ſ		100	750 l	— ſ
18 valent	135 l	— ſ		200	1500 l	— ſ
19 valent	142 l	10 ſ		300	2250 l	— ſ
20 valent	150 l	— ſ		400	3000 l	— ſ
21 valent	157 l	10 ſ		3. quarts	5 l	12 ſ 6
22 valent	165 l	— ſ		le dmi	3 l	15 ſ —
23 valent	172 l	10 ſ		le quart	1 l	17 ſ 6
24 valent	180 l	— ſ		le 8.me	— l	18 ſ 9
25 valent	187 l	10 ſ		le 16.me	— l	9 ſ 4
26 valent	195 l	— ſ		2. tiers.	5 l	— ſ —
27 valent	202 l	10 ſ		le tiers	2 l	10 ſ —
28 valent	210 l	— ſ		le 16.me	1 l	5 ſ —
29 valent	217 l	10 ſ		le 12.me	— l	12 ſ 6
30 valent	225 l	— ſ		le 15.me	— l	10 ſ —

A 7 l. 15. sols la Marchandise.

2 valent	15 l	10 s		31	240 l	5 s
3 valent	23 l	5 s		32	248 l	— s
4 valent	31 l	— s		33	255 l	15 s
5 valent	38 l	15 s		34	263 l	10 s
6 valent	46 l	10 s		35	271 l	15 s
7 valent	54 l	5 s		36	279 l	— s
8 valent	62 l	— s		37	286 l	5 s
9 valent	69 l	15 s		38	294 l	10 s
10 valent	77 l	10 s		39	302 l	5 s
11 valent	85 l	5 s		40	310 l	— s
12 valent	93 l	— s		50	387 l	10 s
13 valent	100 l	15 s		60	465 l	— s
14 valent	108 l	10 s		70	542 l	10 s
15 valent	116 l	5 s		80	620 l	— s
16 valent	124 l	— s		90	697 l	10 s
17 valent	131 l	15 s		100	775 l	— s
18 valent	139 l	10 s		200	1550 l	— s
19 valent	147 l	5 s		300	2325 l	— s
20 valent	155 l	— s		400	3100 l	— s
21 valent	162 l	15 s		3. quarts	5 l	16 s	3
22 valent	170 l	10 s		le demi	3 l	17 s	6
23 valent	178 l	5 s		le quart	1 l	18 s	9
24 valent	186 l	— s		le 8me. —	1 l	19 s	4
25 valent	193 l	15 s		le 6me. —	1 l	9 s	8
26 valent	201 l	10 s		2. tiers	5 l	13 s	4
27 valent	209 l	5 s		le tier	2 l	11 s	8
28 valent	217 l	— s		le 6me.	1 l	5 s	10
29 valent	224 l	15 s		le 12me. —	1 l	12 s	11
30 valent	232 l	10 s		le 15. me —	1 l	10 s	4

A 8. *livres* la Marchandise.

2 valent	16 l	ſ	31	248 l	ſ	
3 valent	24 l	ſ	32	256 l	ſ	
4 valent	32 l	ſ	33	264 l	ſ	
5 valent	40 l	ſ	34	272 l	ſ	
6 valent	48 l	ſ	35	280 l	ſ	
7 valent	56 l	ſ	36	288 l	ſ	
8 valent	64 l	ſ	37	296 l	ſ	
9 valent	72 l	ſ	38	304 l	ſ	
10 valent	80 l	ſ	39	312 l	ſ	
11 valent	88 l	ſ	40	320 l	ſ	
12 valent	96 l	ſ	50	400 l	ſ	
13 valent	104 l	ſ	60	480 l	ſ	
14 valent	112 l	ſ	70	560 l	ſ	
15 valent	120 l	ſ	80	640 l	ſ	
16 valent	128 l	ſ	90	720 l	ſ	
17 valent	136 l	ſ	100	800 l	ſ	
18 valent	144 l	ſ	200	1600 l	ſ	
19 valent	152 l	ſ	300	2400 l	ſ	
20 valent	160 l	ſ	400	3200 l	ſ	
21 valent	168 l	ſ	3.quarts	6 l —	ſ —	
22 valent	176 l	ſ	le demi	4 l —	ſ —	
23 valent	184 l	ſ	le quart	2 l —	ſ —	
24 valent	192 l	ſ	le 8me.	1 l —	ſ —	
25 valent	200 l	ſ	le 16me.	— l 10	ſ —	
26 valent	208 l	ſ	2.tiers	5 l 6	ſ	8
27 valent	216 l	ſ	le tier	2 l 13	ſ	4
28 valent	224 l	ſ	le 6.me	1 l 6	ſ	8
29 valent	232 l	ſ	le 12.me	— l 13	ſ	4
30 valent	240 l	ſ	le 15.me	— l 10	ſ	8

O

A 8 l. 5 ſols la Marchandiſe.

2 valent	16 l	10 ſ	31	255 l	15 ſ
3 valent	24 l	15 ſ	32	264 l	— ſ
4 valent	33 l	— ſ	33	272 l	5 ſ
5 valent	41 l	5 ſ	34	280 l	10 ſ
6 valent	49 l	10 ſ	35	288 l	15 ſ
7 valent	57 l	15 ſ	36	297 l	— ſ
8 valent	66 l	— ſ	37	305 l	5 ſ
9 valent	74 l	5 ſ	38	313 l	10 ſ
10 valent	82 l	10 ſ	39	321 l	15 ſ
11 valent	90 l	15 ſ	40	330 l	— ſ
12 valent	99 l	— ſ	50	412 l	10 ſ
13 valent	107 l	5 ſ	60	495 l	— ſ
14 valent	115 l	10 ſ	70	577 l	10 ſ
15 valent	123 l	15 ſ	80	660 l	— ſ
16 valent	132 l	— ſ	90	742 l	10 ſ
17 valent	140 l	5 ſ	100	825 l	— ſ
18 valent	148 l	10 ſ	200	1650 l	— ſ
19 valent	156 l	15 ſ	300	2475 l	— ſ
20 valent	165 l	— ſ	400	3300 l	— ſ
21 valent	173 l	5 ſ	3. quarts	6 l 3 ſ	9
22 valent	181 l	10 ſ	le demi	4 l 2 ſ	6
23 valent	189 l	15 ſ	le quart	2 l 1 ſ	3
24 valent	198 l	— ſ	le 8.me	1 l — ſ	7
25 valent	206 l	5 ſ	le 16.me	— 10 ſ	3
26 valent	214 l	10 ſ	2. tiers	5 l 10 ſ	—
27 valent	222 l	15 ſ	le tier	2 l 15 ſ	—
28 valent	231 l	— ſ	le 6.me	1 l 7 ſ	6
29 valent	239 l	5 ſ	le 12.me	— 13 ſ	9
30 valent	247 l	10 ſ	le 15.me	— 11 ſ	—

2 valent	17 l	— ſ	31	263 l	10 ſ
3 valent	25 l	10 ſ	32	272 l	— ſ
4 valent	34 l	— ſ	33	280 l	10 ſ
5 valent	42 l	10 ſ	34	289 l	— ſ
6 valent	51 l	— ſ	35	297 l	10 ſ
7 valent	59 l	10 ſ	36	306 l	— ſ
8 valent	68 l	— ſ	37	314 l	10 ſ
9 valent	76 l	10 ſ	38	323 l	— ſ
10 valent	85 l	— ſ	39	331 l	10 ſ
11 valent	93 l	10 ſ	40	340 l	— ſ
12 valent	102 l	— ſ	50	425 l	— ſ
13 valent	110 l	10 ſ	60	510 l	— ſ
14 valent	119 l	— ſ	70	595 l	— ſ
15 valent	127 l	10 ſ	80	680 l	— ſ
16 valent	136 l	— ſ	90	765 l	— ſ
17 valent	144 l	10 ſ	100	850 l	— ſ
18 valent	153 l	— ſ	200	1700 l	— ſ
19 valent	161 l	10 ſ	300	2550 l	— ſ
20 valent	170 l	— ſ	400	3400 l	— ſ
21 valent	178 l	10 ſ	3. quarts	6 l	7 ſ 6
22 valent	187 l	— ſ	le demi	4 l	5 ſ —
23 valent	195 l	10 ſ	le quart	2 l	2 ſ 6
24 valent	204 l	— ſ	le 8me.	1 l	1 ſ 3
25 valent	212 l	10 ſ	le 16me.	— l	10 ſ 7
26 valent	221 l	— ſ	2. tiers	5 l	13 ſ 4
27 valent	229 l	10 ſ	le tier	2 l	16 ſ 8
28 valent	238 l	— ſ	le 6me.	1 l	8 ſ 4
29 valent	246 l	10 ſ	le 12me.	— l	14 ſ 2
30 valent	255 l	— ſ	le 15.m	— l	11 ſ 4

O **

A 8. l. 15. ſols la Marchandiſe.

	l	ſ			l	ſ
2 valent	17	10		31	271	15
3 valent	26	5		32	280	—
4 valent	35	—		33	288	15
5 valent	43	15		34	297	10
6 valent	52	10		35	306	5
7 valent	61	5		36	315	—
8 valent	70	—		37	323	15
9 valent	78	15		38	332	10
10 valent	87	10		39	341	5
11 valent	96	5		40	350	—
12 valent	105	—		50	437	10
13 valent	113	15		60	525	—
14 valent	122	10		70	612	10
15 valent	131	5		80	700	—
16 valent	140	—		90	787	10
17 valent	148	15		100	875	—
18 valent	157	10		200	1750	—
19 valent	166	5		300	2625	—
20 valent	175	—		400	3500	—

	l	ſ	d
3-quarts	6	11	3
le demi	4	7	6
le quart	2	3	9
le 8.me	1	1	10
le 16.me	—	10	11
2.tiers	5	16	8
le tier	2	18	4
le 6.me	1	9	2
le 12.me	—	14	7
le 15.me	—	11	8

	l	ſ
21 valent	183	15
22 valent	192	10
23 valent	201	5
24 valent	210	—
25 valent	218	15
26 valent	227	10
27 valent	236	5
28 valent	245	—
29 valent	253	15
30 valent	262	10

2 valent	18 l	ſ	31	279 l	ſ
3 valent	27 l	ſ	32	288 l	ſ
4 valent	36 l	ſ	33	297 l	ſ
5 valent	45 l	ſ	34	306 l	ſ
6 valent	54 l	ſ	35	315 l	ſ
7 valent	63 l	ſ	36	324 l	ſ
8 valent	72 l	ſ	37	333 l	ſ
9 valent	81 l	ſ	38	342 l	ſ
10 valent	90 l	ſ	39	351 l	ſ
11 valent	99 l	ſ	40	360 l	ſ
12 valent	108 l	ſ	50	450 l	ſ
13 valent	117 l	ſ	60	540 l	ſ
14 valent	126 l	ſ	70	630 l	ſ
15 valent	135 l	ſ	80	720 l	ſ
16 valent	144 l	ſ	90	810 l	ſ
17 valent	153 l	ſ	100	900 l	ſ
18 valent	162 l	ſ	200	1800 l	ſ
19 valent	171 l	ſ	300	2700 l	ſ
20 valent	180 l	ſ	400	3600 l	ſ
21 valent	189 l	ſ	3 quarts	6 l 15	ſ
22 valent	198 l	ſ	le demi	4 l 10	ſ
23 valent	207 l	ſ	le quart	2 l 5	ſ
24 valent	216 l	ſ	le 8me.	1 l 2	ſ 6
25 valent	225 l	ſ	le 16me.—	l 11	ſ 3
26 valent	234 l	ſ	2. tiers	6 l —	ſ
27 valent	243 l	ſ	le tier	3 l —	ſ
28 valent	252 l	ſ	le 6me.	1 l 10	ſ
29 valent	261 l	ſ	le 12me.—	l 15	ſ
30 valent	270 l	ſ	le 15.me—	l 11	ſ

O ***

A 9. l. 5. ſols la Marchandiſe.

2 valent	18 l	10 ſ		31	286 l	15 ſ
3 valent	27 l	15 ſ		32	296 l	— ſ
4 valent	37 l	— ſ		33	305 l	5 ſ
5 valent	46 l	5 ſ		34	314 l	10 ſ
6 valent	55 l	10 ſ		35	323 l	15 ſ
7 valent	64 l	15 ſ		36	333 l	— ſ
8 valent	74 l	— ſ		37	342 l	5 ſ
9 valent	83 l	5 ſ		38	351 l	10 ſ
10 valent	92 l	10 ſ		39	360 l	15 ſ
11 valent	101 l	15 ſ		40	370 l	— ſ
12 valent	111 l	— ſ		50	462 l	10 ſ
13 valent	120 l	5 ſ		60	555 l	— ſ
14 valent	129 l	10 ſ		70	647 l	10 ſ
15 valent	138 l	15 ſ		80	740 l	— ſ
16 valent	148 l	— ſ		90	832 l	10 ſ
17 valent	157 l	5 ſ		100	925 l	— ſ
18 valent	166 l	10 ſ		200	1850 l	— ſ
19 valent	175 l	15 ſ		300	2775 l	— ſ
20 valent	185 l	— ſ		400	3700 l	— ſ
21 valent	194 l	5 ſ		3. quarts	6 l	18 ſ 9
22 valent	203 l	10 ſ		le demi	4 l	12 ſ 6
23 valent	212 l	15 ſ		le quart	2 l	6 ſ 3
24 valent	222 l	— ſ		le 8me.	1 l	3 ſ 1
25 valent	231 l	5 ſ		le 16me.	— l	11 ſ 6
26 valent	240 l	10 ſ		2. tiers	6 l	3 ſ 4
27 valent	249 l	15 ſ		le tier	3 l	1 ſ 8
28 valent	259 l	— ſ		le 6me.	1 l	10 ſ 10
29 valent	268 l	5 ſ		le 12me.	— l	15 ſ 5
30 valent	277 l	10 ſ		le 15,me	— l	12 ſ 4

A 9. l. 10. ſols la Marchandiſe

2 valent	19 l	— ſ		31	294 l	10 ſ
3 valent	28 l	10 ſ		32	304 l	— ſ
4 valent	38 l	— ſ		33	313 l	10 ſ
5 valent	47 l	10 ſ		34	323 l	— ſ
6 valent	57 l	— ſ		35	332 l	10 ſ
7 valent	66 l	10 ſ		36	342 l	— ſ
8 valent	76 l	— ſ		37	351 l	10 ſ
9 valent	85 l	10 ſ		38	361 l	— ſ
10 valent	95 l	— ſ		39	370 l	10 ſ
11 valent	104 l	10 ſ		40	380 l	— ſ
12 valent	114 l	— ſ		50	475 l	— ſ
13 valent	123 l	10 ſ		60	570 l	— ſ
14 valent	133 l	— ſ		70	665 l	— ſ
15 valent	142 l	10 ſ		80	760 l	— ſ
16 valent	152 l	— ſ		90	855 l	— ſ
17 valent	161 l	10 ſ		100	950 l	— ſ
18 valent	171 l	— ſ		200	1900 l	— ſ
19 valent	180 l	10 ſ		300	2850 l	— ſ
20 valent	190 l	— ſ		400	3800 l	— ſ
21 valent	199 l	10 ſ		3. quarts	7 l 2 ſ 6
22 valent	209 l	— ſ		le demi	4 l 15 ſ —
23 valent	218 l	10 ſ		le quart	2 l 7 ſ 6
24 valent	228 l	— ſ		le 8me.	1 l 3 ſ 9
25 valent	237 l	10 ſ		le 16me.	— l 11 ſ 10
26 valent	247 l	— ſ		2. Tiers	6 l 6 ſ 8
27 valent	256 l	10 ſ		le Tier	3 l 3 ſ 4
28 valent	266 l	— ſ		le 6me.	1 l 11 ſ 8
29 valent	275 l	10 ſ		le 12.me	— l 15 ſ 10
30 valent	285 l	— ſ		le 15.me	— l 12 ſ 8

A 9.l.15.sols la Marchandise.

2 valent	19 l	10 s	31	302 l	5 s
3 valent	29 l	5 s	32	312 l	— s
4 valent	39 l	— s	33	321 l	15 s
5 valent	48 l	15 s	34	331 l	10 s
6 valent	58 l	10 s	35	341 l	5 s
7 valent	68 l	5 s	36	351 l	— s
8 valent	78 l	— s	37	360 l	15 s
9 valent	87 l	15 s	38	370 l	10 s
10 valent	97 l	10 s	39	380 l	5 s
11 valent	107 l	5 s	40	390 l	— s
12 valent	117 l	— s	50	487 l	10 s
13 valent	126 l	15 s	60	585 l	— s
14 valent	136 l	10 s	70	682 l	10 s
15 valent	146 l	5 s	80	780 l	— s
16 valent	156 l	— s	90	877 l	10 s
17 valent	165 l	15 s	100	975 l	— s
18 valent	175 l	10 s	200	1950 l	— s
19 valent	185 l	5 s	300	2925 l	— s
20 valent	195 l	— s	400	3900 l	— s
21 valent	204 l	15 s	3. quars	7 l	6 s	3
22 valent	214 l	10 s	le demi	4 l	17 s	6
23 valent	224 l	5 s	le quart	2 l	8 s	9
24 valent	234 l	— s	le 8me.	1 l	4 s	4
25 valent	243 l	15 s	le 16me.	— l	12 s	2
26 valent	253 l	10 s	2. tiers	6 l	10 s	—
27 valent	263 l	5 s	le tier	3 l	5 s	—
28 valent	273 l	— s	le 6me.	1 l	12 s	6
29 valent	282 l	15 s	le 12me.	— l	16 s	3
30 valent	292 l	10 s	le 15.me	— l	13 s	—

A 10. *livres* la Marchandise.

2 valent	20 l	ſ		31	310 l	ſ
3 valent	30 l	ſ		32	320 l	ſ
4 valent	40 l	ſ		33	330 l	ſ
5 valent	50 l	ſ		34	340 l	ſ
6 valent	60 l	ſ		35	350 l	ſ
7 valent	70 l	ſ		36	360 l	ſ
8 valent	80 l	ſ		37	370 l	ſ
9 valent	90 l	ſ		38	380 l	ſ
10 valent	100 l	ſ		39	390 l	ſ
11 valent	110 l	ſ		40	400 l	ſ
12 valent	120 l	ſ		50	500 l	ſ
13 valent	130 l	ſ		60	600 l	ſ
14 valent	140 l	ſ		70	700 l	ſ
15 valent	150 l	ſ		80	800 l	ſ
16 valent	160 l	ſ		90	900 l	ſ
17 valent	170 l	ſ		100	1000 l	ſ
18 valent	180 l	ſ		200	2000 l	ſ
19 valent	190 l	ſ		300	3000 l	ſ
20 valent	200 l	ſ		400	4000 l	ſ
21 valent	210 l	ſ		3. quarts	7 l 10 ſ —	
22 valent	220 l	ſ		le demi	5 l — ſ —	
23 valent	230 l	ſ		le quart	2 l 10 ſ —	
24 valent	240 l	ſ		le 8me.	1 l 5 ſ —	
25 valent	250 l	ſ		le 16me.	— l 12 ſ	6
26 valent	260 l	ſ		2. tiers	6 l 13 ſ	4
27 valent	270 l	ſ		le tier	3 l 6 ſ	8
28 valent	280 l	ſ		le 6me.	1 l 13 ſ	4
29 valent	290 l	ſ		le 12me.	— l 16 ſ	8
30 valent	300 l	ſ		le 15.me	— l 13 ſ	4

2 valent	20 l	10 s		31	317 l	15 s
3 valent	30 l	15 s		32	328 l	— s
4 valent	41 l	— s		33	338 l	5 s
5 valent	51 l	5 s		34	348 l	10 s
6 valent	61 l	10 s		35	358 l	15 s
7 valent	71 l	15 s		36	369 l	— s
8 valent	82 l	— s		37	379 l	5 s
9 valent	92 l	5 s		38	389 l	10 s
10 valent	102 l	10 s		39	399 l	15 s
11 valent	112 l	15 s		40	410 l	— s
12 valent	123 l	— s		50	512 l	10 s
13 valent	133 l	5 s		60	615 l	— s
14 valent	143 l	10 s		70	717 l	10 s
15 valent	153 l	15 s		80	820 l	— s
16 valent	164 l	— s		90	922 l	10 s
17 valent	174 l	5 s		100	1025 l	— s
18 valent	184 l	10 s		200	2050 l	— s
19 valent	194 l	15 s		300	3075 l	— s
20 valent	205 l	— s		400	4100 l	— s

21 valent	215 l	5 s		
22 valent	225 l	10 s		
23 valent	235 l	15 s	3.quarts	7 l 13 s 9
24 valent	246 l	— s	le demi	5 l 2 s 6
25 valent	256 l	5 s	le quarts	2 l 11 s 3
26 valent	266 l	10 s	le 8 me.	1 l 5 s 7
27 valent	276 l	15 s	le 6 me.	— l 12 s 9
28 valent	287 l	— s	2.Tiers	6 l 16 s 8
29 valent	297 l	5 s	le tier	3 l 8 s 4
30 valent	307 l	10 s	le 6 me.	1 l 14 s 2
			le 12 me.	— l 17 s 1
			le 15.me	— l 13 s 8

2 valent	21 l — ſ		31	325 l 10 ſ		
3 valent	31 l 10 ſ		32	336 l — ſ		
4 valent	42 l — ſ		33	346 l 10 ſ		
5 valent	52 l 10 ſ		34	357 l — ſ		
6 valent	63 l — ſ		35	367 l 10 ſ		
7 valent	73 l 10 ſ		36	378 l — ſ		
8 valent	84 l — ſ		37	388 l 10 ſ		
9 valent	94 l 10 ſ		38	399 l — ſ		
10 valent	105 l — ſ		39	409 l 10 ſ		
11 valent	115 l 10 ſ		40	420 l — ſ		
12 valent	126 l — ſ		50	525 l — ſ		
13 valent	136 l 10 ſ		60	630 l — ſ		
14 valent	147 l — ſ		70	735 l — ſ		
15 valent	157 l 10 ſ		80	840 l — ſ		
16 valent	168 l — ſ		90	945 l — ſ		
17 valent	178 l 10 ſ		100	1050 l — ſ		
18 valent	189 l — ſ		200	2100 l — ſ		
19 valent	199 l 10 ſ		300	3150 l — ſ		
20 valent	210 l — ſ		400	4200 l — ſ		
21 valent	220 l 10 ſ		3.quarts	7 l 17 ſ 6		
22 valent	231 l — ſ		le dmi	5 l 5 ſ —		
23 valent	241 l 10 ſ		le quart	2 l 12 ſ 6		
24 valent	252 l — ſ		le 8.me	1 l 6 ſ 3		
25 valent	262 l 10 ſ		le 16.me	— l 13 ſ 1		
26 valent	273 l — ſ		2.tiers.	7 l — ſ —		
27 valent	283 l 10 ſ		le tier	3 l 10 ſ —		
28 valent	294 l — ſ		le 16.me	1 l 15 ſ —		
29 valent	304 l 10 ſ		le 2.m	— l 17 ſ 6		
30 valent	315 l — ſ		le 15.me	— l 14 ſ —		

A 10. l. 5. ſols la Marchandiſe.

2 valent 20 l 10 ſ	31	317 l 5 ſ
3 valent 30 l 15 ſ	32	328 l — ſ
4 valent 41 l — ſ	33	338 l 5 ſ
5 valent 51 l 5 ſ	34	348 l 10 ſ
6 valent 61 l 10 ſ	35	358 l 15 ſ
7 valent 71 l 15 ſ	36	369 l — ſ
8 valent 82 l — ſ	37	379 l 5 ſ
9 valent 92 l 5 ſ	38	389 l 10 ſ
10 valent 102 l 10 ſ	39	399 l 15 ſ
11 valent 112 l 15 ſ	40	410 l — ſ
12 valent 123 l — ſ	50	512 l 10 ſ
13 valent 133 l 5 ſ	60	615 l — ſ
14 valent 143 l 10 ſ	70	717 l 10 ſ
15 valent 153 l 15 ſ	80	820 l — ſ
16 valent 164 l — ſ	90	922 l 10 ſ
17 valent 174 l 5 ſ	100	1025 l — ſ
18 valent 184 l 10 ſ	200	2050 l — ſ
19 valent 194 l 15 ſ	300	3075 l — ſ
20 valent 205 l — ſ	400	4100 l — ſ
21 valent 215 l 5 ſ	3. quarts	7 l 13 ſ 9
22 valent 225 l 10 ſ	le demi	5 l 2 ſ 6
23 valent 235 l 15 ſ	le quarts	2 l 11 ſ 3
24 valent 246 l — ſ	le 8 me.	1 l 5 ſ 7
25 valent 256 l 5 ſ	le 6 me.	— l 12 ſ 9
26 valent 266 l 10 ſ	2. Tiers	6 l 16 ſ 8
27 valent 276 l 15 ſ	le tier	3 l 8 ſ 4
28 valent 287 l — ſ	le 6 me.	1 l 14 ſ 2
29 valent 297 l 5 ſ	le 12 me.	— l 17 ſ 1
30 valent 307 l 10 ſ	le 15. me	— l 13 ſ 8

A 10 l. 10 *sols* la Marchandise.

2 valent	21 l — s		31	325 l 10 s	
3 valent	31 l 10 s		32	336 l — s	
4 valent	42 l — s		33	346 l 10 s	
5 valent	52 l 10 s		34	357 l — s	
6 valent	63 l — s		35	367 l 10 s	
7 valent	73 l 10 s		36	378 l — s	
8 valent	84 l — s		37	388 l 10 s	
9 valent	94 l 10 s		38	399 l — s	
10 valent	105 l — s		39	409 l 10 s	
11 valent	115 l 10 s		40	420 l — s	
12 valent	126 l — s		50	525 l — s	
13 valent	136 l 10 s		60	630 l — s	
14 valent	147 l — s		70	735 l — s	
15 valent	157 l 10 s		80	840 l — s	
16 valent	168 l — s		90	945 l — s	
17 valent	178 l 10 s		100	1050 l — s	
18 valent	189 l — s		200	2100 l — s	
19 valent	199 l 10 s		300	3150 l — s	
20 valent	210 l — s		400	4200 l — s	
21 valent	220 l 10 s		3. quarts	7 l 17 s 6	
22 valent	231 l — s		le dmi	5 l 5 s —	
23 valent	241 l 10 s		le quart	2 l 12 s 6	
24 valent	252 l — s		le 8.me	1 l 6 s 3	
25 valent	262 l 10 s		le 16.me	— l 13 s 1	
26 valent	273 l — s		2. tiers	7 l — s —	
27 valent	283 l 10 s		le tier	3 l 10 s —	
28 valent	294 l — s		le 16.me	2 l 15 s —	
29 valent	304 l 10 s		le 2. m	— l 17 s 6	
30 valent	315 l — s		le 15.me	— l 14 s —	

2 valent	21 l	10 ſ	
3 valent	32 l	5 ſ	
4 valent	43 l	— ſ	
5 valent	53 l	15 ſ	
6 valent	64 l	10 ſ	
7 valent	75 l	5 ſ	
8 valent	86 l	— ſ	
9 valent	96 l	15 ſ	
10 valent	107 l	10 ſ	
11 valent	118 l	5 ſ	
12 valent	129 l	— ſ	
13 valent	139 l	15 ſ	
14 valent	150 l	10 ſ	
15 valent	161 l	5 ſ	
16 valent	172 l	— ſ	
17 valent	182 l	15 ſ	
18 valent	193 l	10 ſ	
19 valent	204 l	5 ſ	
20 valent	215 l	— ſ	
21 valent	225 l	15 ſ	
22 valent	236 l	10 ſ	
23 valent	247 l	5 ſ	
24 valent	258 l	— ſ	
25 valent	268 l	15 ſ	
26 valent	279 l	10 ſ	
27 valent	290 l	5 ſ	
28 valent	301 l	— ſ	
29 valent	311 l	15 ſ	
30 valent	322 l	10 ſ	

31	333 l	15 ſ	
32	344 l	— ſ	
33	354 l	15 ſ	
34	365 l	10 ſ	
35	376 l	5 ſ	
36	387 l	— ſ	
37	397 l	15 ſ	
38	408 l	10 ſ	
39	419 l	5 ſ	
40	430 l	— ſ	
50	537 l	10 ſ	
60	645 l	— ſ	
70	752 l	10 ſ	
80	860 l	— ſ	
90	967 l	10 ſ	
100	1075 l	— ſ	
200	2150 l	— ſ	
300	3225 l	— ſ	
400	4300 l	— ſ	
3. quarts	8 l	1 ſ	3
le demi	5 l	7 ſ	6
le quart	2 l	13 ſ	9
le 8me.	1 l	6 ſ	10
le 6me.	— l	13 ſ	5
2. tiers	7 l	3 ſ	4
le tier	3 l	11 ſ	8
le 6me.	1 l	15 ſ	10
le 12me.	— l	17 ſ	11
le 15.me	— l	14 ſ	4

À 11 livres le Louis d'Or.

2 valent	22 l.	f.		31	341 l.	f.
3 valent	33 l.	f.		32	352 l.	f.
4 valent	44 l.	f.		33	363 l.	f.
5 valent	55 l.	f.		34	374 l.	f.
6 valent	66 l.	f.		35	385 l.	f.
7 valent	77 l.	f.		36	396 l.	f.
8 valent	88 l.	f.		37	407 l.	f.
9 valent	99 l.	f.		38	418 l.	f.
10 valent	110 l.	f.		39	429 l.	f.
11 valent	121 l.	f.		40	440 l.	f.
12 valent onze	132 l.	f.		50	550 l.	f.
13 valent	143 l.	f.		60	660 l.	f.
14 valent	154 l.	f.		70	770 l.	f.
15 valent	165 l.	f.		80	880 l.	f.
16 valent	176 l.	f.		90	990 l.	f.
17 valent	187 l.	f.		100	1100 l.	f.
18 valent	198 l.	f.		200	2200 l.	f.
19 valent	209 l.	f.		300	3300 l.	f.
20 valent	220 l.	f.		400	4400 l.	f.
21 valent	231 l.	f.		3 quarts	8 l.	5 f.
22 valent	242 l.	f.		le demi	5 l.	10 f.
23 valent	253 l.	f.		le quart	2 l.	15 f.
24 valent	264 l.	f.		le 8me.	1 l.	7 f. 6
25 valent	275 l.	f.		le 16me.	— l.	13 f. 9
26 valent	286 l.	f.		l. tiers	7 l.	6 f. 8
27 valent	297 l.	f.		le tier	3 l.	13 f. 4
28 valent	308 l.	f.		le 6.me	1 l.	16 f. 8
29 valent	319 l.	f.		le 12.me	— l.	18 f. 4
30 valent	330 l.	f.		le 15me	— l.	14 f. 8

2 valent	24 l.	f.	31	372 l.
3 valent	36 l.	f.	32	384 l.
4 valent	48 l.	f.	33	396 l.
5 valent	60 l.	f.	34	408 l.
6 valent	72 l.	f.	35	420 l.
7 valent	84 l.	f.	36	432 l.
8 valent	96 l.	f.	37	444 l.
9 valent	108 l.	f.	38	456 l.
10 valent	120 l.	f.	39	468 l.
11 valent	132 l.	f.	4d	480 l.
12 valent	144 l.	f.	5d	600 l.
13 valent	156 l.	f.	6d	720 l.
14 valent	168 l.	f.	7d	840 l.
15 valent	180 l.	f.	8d	960 l.
16 valent	192 l.	f.	9d	1080 l.
17 valent	204 l.	f.	10d	1200 l.
18 valent	216 l.	f.	12d	2400 l.
19 valent	228 l.	f.	13d	3600 l.
20 valent	240 l.	f.	14d	4800 l.
21 valent	252 l.	f.	le quart	9 l.
22 valent	264 l.	f.	le demi	6 l.
23 valent	276 l.	f.	le quart	3 l.
24 valent	288 l.	f.	le 8.me	l. 10 f.
25 valent	300 l.	f.	le 16.me	l. f.
26 valent	312 l.	f.	2. tiers	l. f.
27 valent	324 l.	f.	le tiers	4 l. f.
28 valent	336 l.	f.	le 6.me	2 l. f.
29 valent	348 l.	f.	le 12.me	1 l. f.
30 valent	360 l.	f.	le 15.me	16 f.

A 13. livres la Marchandise.

Quantité	valent	livres	Quantité	valent	livres
2	valent	26 l.	31	valent	403 l.
3	valent	39 l.	32	valent	416 l.
4	valent	52 l.	33	valent	429 l.
5	valent	65 l.	34	valent	442 l.
6	valent	78 l.	35	valent	455 l.
7	valent	91 l.	36	valent	468 l.
8	valent	104 l.	37	valent	481 l.
9	valent	117 l.	38	valent	494 l.
10	valent	130 l.	39	valent	507 l.
11	valent	143 l.	40	valent	520 l.
12	valent	156 l.	50	valent	650 l.
13	valent	169 l.	60	valent	780 l.
14	valent	182 l.	70	valent	910 l.
15	valent	195 l.	80	valent	1040 l.
16	valent	208 l.	90	valent	1170 l.
17	valent	221 l.	100	valent	1300 l.
18	valent	234 l.	200	valent	2600 l.
19	valent	247 l.	300	valent	3900 l.
20	valent	260 l.	400	valent	5200 l.
21	valent	273 l.	3. quarts		9 l. 15 s.
22	valent	286 l.	le demi		6 l. 10 s.
23	valent	299 l.	le quart		3 l. 5 s.
24	valent	312 l.	le 8me.		1 l. 12 s. 6 d.
25	valent	325 l.	le 16me.		16 s. 3 d.
26	valent	338 l.	2. tiers		8 l. 13 s. 4 d.
27	valent	351 l.	le tiers		4 l. 6 s. 8 d.
28	valent	364 l.	le 6me.		2 l. 3 s. 4 d.
29	valent	377 l.	le 12me.		1 l. 1 s. 8 d.
30	valent	390 l.	le 15.m —		17 s. 4 d.

P **

A 14. livres la Marchandise.

Quantité		Valent
2	valent	28 l
3	valent	42 l
4	valent	56 l
5	valent	70 l
6	valent	84 l
7	valent	98 l
8	valent	112 l
9	valent	126 l
10	valent	140 l
11	valent	154 l
12	valent	168 l
13	valent	182 l
14	valent	196 l
15	valent	210 l
16	valent	224 l
17	valent	238 l
18	valent	252 l
19	valent	266 l
20	valent	280 l
21	valent	294 l
22	valent	308 l
23	valent	322 l
24	valent	336 l
25	valent	350 l
26	valent	364 l
27	valent	378 l
28	valent	392 l
29	valent	406 l
30	valent	420 l

Quantité	Valent
31	434 l
32	448 l
33	462 l
34	476 l
35	490 l
36	504 l
37	518 l
38	532 l
39	546 l
40	560 l
50	700 l
60	840 l
70	980 l
80	1120 l
90	1260 l
100	1400 l
200	2800 l
300	4200 l
400	5600 l

	l	s	d
les 3.quarts	10 l	10 s	
le demi	7 l	—	
le quart	3 l	10 s	
le 8.me	1 l	15 s	
le 16.me	—	17 s	6
les 2 tiers	9 l	6 s	8
le tier	4 l	13 s	4
le 6.me	2 l	6 s	8
le 12.me	1 l	3 s	4
le 15.me	—	18 s	8

À 15. livres. la Marchandise.

	valent	l	ſ			l	ſ	
2	valent	30	ſ		31	465	ſ	
3	valent	45	ſ		32	480	ſ	
4	valent	60	ſ		33	495	ſ	
5	valent	75	ſ		34	510	ſ	
6	valent	90	ſ		35	525	ſ	
7	valent	105	ſ		36	540	ſ	
8	valent	120	ſ		37	555	ſ	
9	valent	135	ſ		38	570	ſ	
10	valent	150	ſ		39	585	ſ	
11	valent	165	ſ		40	600	ſ	
12	valent	180	ſ		50	750	ſ	
13	valent	195	ſ		60	900	ſ	
14	valent	210	ſ		70	1050	ſ	
15	valent	225	ſ		80	1200	ſ	
16	valent	240	ſ		90	1350	ſ	
17	valent	255	ſ		100	1500	ſ	
18	valent	270	ſ		200	3000	ſ	
19	valent	285	ſ		300	4500	ſ	
20	valent	300	ſ		400	6000	ſ	
21	valent	315	ſ		3 quarts	11	5 ſ	
22	valent	330	ſ		le demi	7	10 ſ	
23	valent	345	ſ		le quart	3	15 ſ	
24	valent	360	ſ		le 8.me	1	17 ſ	6
25	valent	375	ſ		le 16.me	—	18 ſ	9
26	valent	390	ſ		2. tiers	10	ſ	
27	valent	405	ſ		le tiers	5	ſ	
28	valent	420	ſ		le 6.de	2	10 ſ	
29	valent	435	ſ		le 12.me	1	5 ſ	
30	valent	450	ſ		le 15.me	1	ſ	

D ***

A 16. livres la Marchandise.

2 valent	32 l	ſ	31	496 l	ſ
3 valent	48 l	ſ	32	512 l	ſ
4 valent	64 l	ſ	33	528 l	ſ
5 valent	80 l	ſ	34	544 l	ſ
6 valent	96 l	ſ	35	560 l	ſ
7 valent	112 l	ſ	36	576 l	ſ
8 valent	128 l	ſ	37	592 l	ſ
9 valent	144 l	ſ	38	608 l	ſ
10 valent	160 l	ſ	39	624 l	ſ
11 valent	176 l	ſ	40	640 l	ſ
12 valent	192 l	ſ	50	800 l	ſ
13 valent	208 l	ſ	60	960 l	ſ
14 valent	224 l	ſ	70	1120 l	ſ
15 valent	240 l	ſ	80	1280 l	ſ
16 valent	256 l	ſ	90	1440 l	ſ
17 valent	272 l	ſ	100	1600 l	ſ
18 valent	288 l	ſ	200	3200 l	ſ
19 valent	304 l	ſ	300	4800 l	ſ
20 valent	320 l	ſ	400	6400 l	ſ
21 valent	336 l	ſ	3. quarts	12 l	ſ
22 valent	352 l	ſ	le demi	8 l	ſ
23 valent	368 l	ſ	le quart	4 l	ſ
24 valent	384 l	ſ	le 8me.	2 l	ſ
25 valent	400 l	ſ	le 16me.	1 l	ſ
26 valent	416 l	ſ	2. tiers	10 l	13 ſ 4
27 valent	432 l	ſ	le tiers	5 l	6 ſ 8
28 valent	448 l	ſ	le 6me.	2 l	13 ſ 4
29 valent	464 l	ſ	le 12me	1 l	6 ſ 8
30 valent	480 l	ſ	le 15.me	1 l	1 ſ 4

A 17. livres la Marchandise

	valent	l	s
2	valent	34 l	s
3	valent	51 l	s
4	valent	68 l	s
5	valent	85 l	s
6	valent	102 l	s
7	valent	119 l	s
8	valent	136 l	s
9	valent	153 l	s
10	valent	170 l	s
11	valent	187 l	s
12	valent	204 l	s
13	valent	221 l	s
14	valent	238 l	s
15	valent	255 l	s
16	valent	272 l	s
17	valent	289 l	s
18	valent	306 l	s
19	valent	323 l	s
20	valent	340 l	s
21	valent	357 l	s
22	valent	374 l	s
23	valent	391 l	s
24	valent	408 l	s
25	valent	425 l	s
26	valent	442 l	s
27	valent	459 l	s
28	valent	476 l	s
29	valent	493 l	s
30	valent	510 l	s

	l	s	
31	527 l	s	
32	544 l	s	
33	561 l	s	
34	578 l	s	
35	595 l	s	
36	612 l	s	
37	629 l	s	
38	646 l	s	
39	663 l	s	
40	680 l	s	
50	850 l	s	
60	1020 l	s	
70	1190 l	s	
80	1360 l	s	
90	1530 l	s	
100	1700 l	s	
200	3400 l	s	
300	5100 l	s	
400	6800 l	s	
3. quarts	12 l	15 s	
le demi	8 l	10 s	
le quart	4 l	5 s	
le 8me.	2 l	2 s	6
le 16me.	1 l	1 s	3
2. Tiers	11 l	6 s	8
le Tier	5 l	13 s	4
le 6me.	2 l	16 s	8
le 12.me	1 l	8 s	4
le 15.me	1 l	2 s	8

	l	s			l	s
2 valent	36			31	558	
3 valent	54			32	576	
4 valent	72			33	594	
5 valent	90			34	612	
6 valent	108			35	630	
7 valent	126			36	648	
8 valent	144			37	666	
9 valent	162			38	684	
10 valent	180			39	702	
11 valent	198			40	720	
12 valent	216			50	900	
13 valent	234			60	1080	
14 valent	252			70	1260	
15 valent	270			80	1440	
16 valent	288			90	1620	
17 valent	306			100	1800	
18 valent	324			200	3600	
19 valent	342			300	5400	
20 valent	360			400	7200	
21 valent	378			3 quars	13	10
22 valent	396			le demi	9	—
23 valent	414			le quart	4	10
24 valent	432			le 8me.	2	5
25 valent	450			le 16me.	1	2 ... 6
26 valent	468			2 tiers	12	—
27 valent	486			le tiers	6	—
28 valent	504			le 6me.	3	—
29 valent	522			le 12me.	1	10
30 valent	540			le 15me.	1	4

A 19. *livres* la Marchandise.

2 valent	38 l	ſ	
3 valent	57 l	ſ	
4 valent	76 l	ſ	
5 valent	95 l	ſ	
6 valent	114 l	ſ	
7 valent	133 l	ſ	
8 valent	152 l	ſ	
9 valent	171 l	ſ	
10 valent	190 l	ſ	
11 valent	209 l	ſ	
12 valent	228 l	ſ	
13 valent	247 l	ſ	
14 valent	266 l	ſ	
15 valent	285 l	ſ	
16 valent	304 l	ſ	
17 valent	323 l	ſ	
18 valent	342 l	ſ	
19 valent	361 l	ſ	
20 valent	380 l	ſ	
21 valent	399 l	ſ	
22 valent	418 l	ſ	
23 valent	437 l	ſ	
24 valent	456 l	ſ	
25 valent	475 l	ſ	
26 valent	494 l	ſ	
27 valent	513 l	ſ	
28 valent	532 l	ſ	
29 valent	551 l	ſ	
30 valent	570 l	ſ	

31	589 l	ſ		
32	608 l	ſ		
33	627 l	ſ		
34	646 l	ſ		
35	665 l	ſ		
36	684 l	ſ		
37	703 l	ſ		
38	722 l	ſ		
39	741 l	ſ		
40	760 l	ſ		
50	950 l	ſ		
60	1140 l	ſ		
70	1330 l	ſ		
80	1520 l	ſ		
90	1710 l	ſ		
100	1900 l	ſ		
200	3800 l	ſ		
300	5700 l	ſ		
400	7600 l	ſ		
3 quarts	14 l	5 ſ		—
le demi	9 l	10 ſ		—
le quart	4 l	15 ſ		—
le 8me.	2 l	7 ſ	6
le 16me.	1 l	3 ſ	9
2. tiers	12 l	13 ſ	4
le tier	6 l	6 ſ	8
le 6me.	3 l	3 ſ	4
le 12me.	1 l	11 ſ	8
le 15.me.	1 l	5 ſ	4

À 20. _leures_ la Marchandise.

2 valent	40 l ſ	31	620 l ſ
3 valent	60 l ſ	32	640 l ſ
4 valent	80 l ſ	33	660 l ſ
5 valent	100 l ſ	34	680 l ſ
6 valent	120 l ſ	35	700 l ſ
7 valent	140 l ſ	36	720 l ſ
8 valent	160 l ſ	37	740 l ſ
9 valent	180 l ſ	38	760 l ſ
10 valent	200 l ſ	39	780 l ſ
11 valent	220 l ſ	40	800 l ſ
12 valent	240 l ſ	50	1000 l ſ
13 valent	260 l ſ	60	1200 l ſ
14 valent	280 l ſ	70	1400 l ſ
15 valent	300 l ſ	80	1600 l ſ
16 valent	320 l ſ	90	1800 l ſ
17 valent	340 l ſ	100	2000 l ſ
18 valent	360 l ſ	200	4000 l ſ
19 valent	380 l ſ	300	6000 l ſ
20 valent	400 l ſ	400	8000 l ſ
21 valent	420 l ſ	3. quartiers	15 l ſ
22 valent	440 l ſ	le demi	10 l ſ
23 valent	460 l ſ	le quarts	5 l ſ
24 valent	480 l ſ	le 8 me	2 l 10 ſ
25 valent	500 l ſ	le 6me	1 l 5 ſ
26 valent	520 l ſ	2. Tiers	13 l 6 ſ 8
27 valent	540 l ſ	le tier	6 l 13 ſ 4
28 valent	560 l ſ	le 6 me	3 l 6 ſ 8
29 valent	580 l ſ	le 12me	1 l 13 ſ 4
30 valent	600 l ſ	le 15me	1 l 6 ſ 8

2 valent 42 l	ſ	31	651 l	ſ
3 valent 63 l	ſ	32	672 l	ſ
4 valent 84 l	ſ	33	693 l	ſ
5 valent 105 l		34	714 l	ſ
6 valent 126 l		35	735 l	ſ
7 valent 147 l	ſ	36	756 l	ſ
8 valent 168 l	ſ	37	777 l	ſ
9 valent 189 l	ſ	38	798 l	ſ
10 valent 210 l	ſ	39	819 l	ſ
11 valent 231 l	ſ	40	840 l	ſ
12 valent 252 l	ſ	50	1050 l	ſ
13 valent 273 l	ſ	60	1260 l	ſ
14 valent 294 l	ſ	70	1470 l	ſ
15 valent 315 l	ſ	80	1680 l	ſ
16 valent 336 l	ſ	90	1890 l	ſ
17 valent 357 l	ſ	100	2100 l	ſ
18 valent 378 l	ſ	200	4200 l	ſ
19 valent 399 l	ſ	300	6300 l	ſ
20 valent 420 l	ſ	400	8400 l	ſ
21 valent 441 l	ſ	3. quart.	15 l	15 ſ
22 valent 462 l	ſ	le dmi	10 l	10 ſ
23 valent 483 l	ſ	le quart	5 l	5 ſ
24 valent 504 l	ſ	le 8.me	2 l	12 ſ 6
25 valent 525 l	ſ	le 16.me	1 l	6 ſ 3
26 valent 546 l	ſ	2. tiers	14 l	
27 valent 567 l	ſ	le tiers	7 l	ſ
28 valent 588 l	ſ	le 6.me	3 l	10 ſ
29 valent 609 l	ſ	le 2.me	6 l	15 ſ
30 valent 630 l	ſ	le 15.me	1 l	8 ſ

2 valent	40 l	ſ	31	620 l	ſ
3 valent	60 l	ſ	32	640 l	ſ
4 valent	80 l	ſ	33	660 l	ſ
5 valent	100 l	ſ	34	680 l	ſ
6 valent	120 l	ſ	35	700 l	ſ
7 valent	140 l	ſ	36	720 l	ſ
8 valent	160 l	ſ	37	740 l	ſ
9 valent	180 l	ſ	38	760 l	ſ
10 valent	200 l	ſ	39	780 l	ſ
11 valent	220 l	ſ	40	800 l	ſ
12 valent	240 l	ſ	50	1000 l	ſ
13 valent	260 l	ſ	60	1200 l	ſ
14 valent	280 l	ſ	70	1400 l	ſ
15 valent	300 l	ſ	80	1600 l	ſ
16 valent	320 l	ſ	90	1800 l	ſ
17 valent	340 l	ſ	100	2000 l	ſ
18 valent	360 l	ſ	200	4000 l	ſ
19 valent	380 l	ſ	300	6000 l	ſ
20 valent	400 l	ſ	400	8000 l	ſ
21 valent	420 l	ſ	B. quarteron	s l	ſ
22 valent	440 l	ſ	le demi	10 l	ſ
23 valent	460 l	ſ	le quarts	5 l	ſ
24 valent	480 l	ſ	le 8 me.	2 l 10	ſ
25 valent	500 l	ſ	le 6me.	1 l 5	ſ
26 valent	520 l	ſ	2. Tiers	13 l 6 ſ	8
27 valent	540 l	ſ	le tier	6 l 13 ſ	4
28 valent	560 l	ſ	le 6 me.	3 l 6 ſ	8
29 valent	580 l	ſ	le 12me.	1 l 13 ſ	4
30 valent	600 l	ſ	le 15 me.	1 l 6 ſ	8

À 21. *livres* la Marchandise.

2 valent	42 l		31	651 l
3 valent	63 l		32	672 l
4 valent	84 l		33	693 l
5 valent	105 l		34	714 l
6 valent	126 l		35	735 l
7 valent	147 l		36	756 l
8 valent	168 l		37	777 l
9 valent	189 l		38	798 l
10 valent	210 l		39	819 l
11 valent	231 l		40	840 l
12 valent	252 l		50	1050 l
13 valent	273 l		60	1260 l
14 valent	294 l		70	1470 l
15 valent	315 l		80	1680 l
16 valent	336 l		90	1890 l
17 valent	357 l		100	2100 l
18 valent	378 l		200	4200 l
19 valent	399 l		300	6300 l
20 valent	420 l		400	8400 l
21 valent	441 l		3. quart.	15 l 15 s
22 valent	462 l		le dmi.	10 l 10 s
23 valent	483 l		de quart	5 l 5 s
24 valent	504 l		le 8.me	2 l 12 s 6
25 valent	525 l		le 16.me	1 l 6 s 3
26 valent	546 l		2. tiers.	14 l
27 valent	567 l		le tier	7 l
28 valent	588 l		le 16.me	3 l 10 s
29 valent	609 l		le 2.me	1 l 15 s
30 valent	630 l		le 23.me	2 l 8 s

2 valent 44 l.		31 valent 682 l.	
3 valent 66 l.		32 valent 704 l.	
4 valent 88 l.		33 valent 726 l.	
5 valent 110 l.		34 valent 748 l.	
6 valent 132 l.		35 valent 770 l.	
7 valent 154 l.		36 valent 792 l.	
8 valent 176 l.		37 valent 814 l.	
9 valent 198 l.		38 valent 836 l.	
10 valent 220 l.		39 valent 858 l.	
11 valent 242 l.		40 valent 880 l.	
12 valent 264 l.		50 valent 1100 l.	
13 valent 286 l.		60 valent 1320 l.	
14 valent 308 l.		70 valent 1540 l.	
15 valent 330 l.		80 valent 1760 l.	
16 valent 352 l.		90 valent 1980 l.	
17 valent 374 l.		100 valent 2200 l.	
18 valent 396 l.		200 valent 4400 l.	
19 valent 418 l.		300 valent 6600 l.	
20 valent 440 l.		400 valent 8800 l.	
21 valent 462 l.		les 3 quarts 16 l. 10 ſ.	
22 valent 484 l.		le demi 11 l.	
23 valent 506 l.		le quart 5 l. 10 ſ.	
24 valent 528 l.		le 8me 2 l. 15 ſ.	
25 valent 550 l.		le 16me 1 l. 7 ſ. 6	
26 valent 572 l.		les 2 tiers 14 l. 13 ſ. 4	
27 valent 594 l.		le tiers 7 l. 6 ſ. 8	
28 valent 616 l.		le 6me 3 l. 13 ſ. 4	
29 valent 638 l.		le 12me 1 l. 16 ſ. 8	
30 valent 660 l.		le 15me 1 l. 9 ſ. 4	

2 valent	46 l	ſ	31	713 l	ſ
3 valent	69 l	ſ	32	736 l	ſ
4 valent	92 l	ſ	33	759 l	ſ
5 valent	115 l	ſ	34	782 l	ſ
6 valent	138 l	ſ	35	805 l	ſ
7 valent	161 l	ſ	36	828 l	ſ
8 valent	184 l	ſ	37	851 l	ſ
9 valent	207 l	ſ	38	874 l	ſ
10 valent	230 l	ſ	39	897 l	ſ
11 valent	253 l	ſ	40	920 l	ſ
12 valent	276 l	ſ	50	1150 l	ſ
13 valent	299 l	ſ	60	1380 l	ſ
14 valent	322 l	ſ	70	1610 l	ſ
15 valent	345 l	ſ	80	1840 l	ſ
16 valent	368 l	ſ	90	2070 l	ſ
17 valent	391 l	ſ	100	2300 l	ſ
18 valent	414 l	ſ	200	4600 l	ſ
19 valent	437 l	ſ	300	6900 l	ſ
20 valent	460 l	ſ	400	9200 l	ſ
21 valent	483 l	ſ	3. quarts	17 l	ſ
22 valent	506 l	ſ	le demi	11 l 10	ſ
23 valent	529 l	ſ	le quart	5 l 15	ſ
24 valent	552 l	ſ	le 8ᵐᵉ.	2 l 17 ſ	6
25 valent	575 l	ſ	le 16ᵐᵉ.	1 l 8 ſ	9
26 valent	598 l	ſ	2. tiers	15 l 6 ſ	8
27 valent	621 l	ſ	le tier	7 l 13 ſ	4
28 valent	644 l	ſ	le 6.ᵐᵉ	3 l 16 ſ	8
29 valent	667 l	ſ	le 12.ᵐᵉ	1 l 18 ſ	4
30 valent	690 l	ſ	le 15ᵐᵉ.	1 l 10 ſ	8

À 24. *livres* la Marchandife.

2 valent	48 l	ſ		31	744 l	ſ
3 valent	72 l	ſ		32	768 l	ſ
4 valent	96 l	ſ		33	792 l	ſ
5 valent	120 l	ſ		34	816 l	ſ
6 valent	144 l	ſ		35	840 l	ſ
7 valent	168 l	ſ		36	864 l	ſ
8 valent	192 l	ſ		37	888 l	ſ
9 valent	216 l	ſ		38	912 l	ſ
10 valent	240 l	ſ		39	936 l	ſ
11 valent	264 l	ſ		40	960 l	ſ
12 valent	288 l	ſ		50	1200 l	ſ
13 valent	312 l	ſ		60	1440 l	ſ
14 valent	336 l	ſ		70	1680 l	ſ
15 valent	360 l	ſ		80	1920 l	ſ
16 valent	384 l	ſ		90	2160 l	ſ
17 valent	408 l	ſ		100	2400 l	ſ
18 valent	432 l	ſ		200	4800 l	ſ
19 valent	456 l	ſ		300	7200 l	ſ
20 valent	480 l	ſ		400	9600 l	ſ
21 valent	504 l	ſ		3.*quarts*	18 l	ſ
22 valent	528 l	ſ		*le demi*	12 l	ſ
23 valent	552 l	ſ		*le quart*	6 l	ſ
24 valent	576 l	ſ		*le* 8.ᵐᵉ	3 l —	ſ
25 valent	600 l	ſ		*le* 16.ᵐᵉ	1 l 10	ſ
26 valent	624 l	ſ		2.*tiers*	16 l —	ſ
27 valent	648 l	ſ		*le tier*	8 l —	ſ
28 valent	672 l	ſ		*le* 6.ᵐᵉ	4 l —	ſ
29 valent	696 l	ſ		*le* 12.ᵐᵉ	2 l —	ſ
30 valent	720 l	ſ		*le* 15.ᵐᵉ	1 l 12	ſ

2 valent	50 l	ſ	31	775 l	ſ
3 valent	75 l	ſ	32	800 l	ſ
4 valent	100 l	ſ	33	825 l	ſ
5 valent	125 l	ſ	34	850 l	ſ
6 valent	150 l	ſ	35	875 l	ſ
7 valent	175 l	ſ	36	900 l	ſ
8 valent	200 l	ſ	37	925 l	ſ
9 valent	225 l	ſ	38	950 l	ſ
10 valent	250 l	ſ	39	975 l	ſ
11 valent	275 l	ſ	40	1000 l	ſ
12 valent	300 l	ſ	50	1250 l	ſ
13 valent	325 l	ſ	60	1500 l	ſ
14 valent	350 l	ſ	70	1750 l	ſ
15 valent	375 l	ſ	80	2000 l	ſ
16 valent	400 l	ſ	90	2250 l	ſ
17 valent	425 l	ſ	100	2500 l	ſ
18 valent	450 l	ſ	200	5000 l	ſ
19 valent	475 l	ſ	300	7500 l	ſ
20 valent	500 l	ſ	400.	10000 l	ſ
21 valent	525 l	ſ	3.*quarts* 18 l	15 ſ	
22 valent	550 l	ſ	*le demi* 12 l	10 ſ	
23 valent	575 l	ſ	*le quart* 6 l	5 ſ	
24 valent	600 l	ſ	*le* 8me. 3 l	2 ſ	6
25 valent	625 l	ſ	*le* 16me. 1 l	11 ſ	3
26 valent	650 l	ſ	2.*tiers* 16 l	13 ſ	4
27 valent	675 l	ſ	*le tier* 8 l	6 ſ	8
28 valent	700 l	ſ	*le* 6me. 4 l	3 ſ	4
29 valent	725 l	ſ	*le* 12me. 2 l	1 ſ	8
30 valent	750 l	ſ	*le* 15.m 1 l	13 ſ	4

A 26. *livres* la Marchandife.

2 valent	52 l	f	31	806 l	f
3 valent	78 l	f	32	832 l	f
4 valent	104 l	f	33	858 l	f
5 valent	130 l	f	34	884 l	f
6 valent	156 l	f	35	910 l	f
7 valent	182 l	f	36	936 l	f
8 valent	208 l	f	37	962 l	f
9 valent	234 l	f	38	988 l	f
10 valent	260 l	f	39	1014 l	f
11 valent	286 l	f	40	1040 l	f
12 valent	312 l	f	50	1300 l	f
13 valent	338 l	f	60	1560 l	f
14 valent	364 l	f	70	1820 l	f
15 valent	390 l	f	80	2080 l	f
16 valent	416 l	f	90	2340 l	f
17 valent	442 l	f	100	2600 l	f
18 valent	468 l	f	200	5200 l	f
19 valent	494 l	f	300	7800 l	f
20 valent	520 l	f	400	10400 l	f
21 valent	546 l	f	3. quarts	19 l	10 f
22 valent	572 l	f	le demi	13 l	— f
23 valent	598 l	f	le quart	6 l	10 f
24 valent	624 l	f	le 8. me	3 l	5 f
25 valent	650 l	f	le 16. me	1 l	12 f 6
26 valent	676 l	f	2. tiers	17 l	6 f 8
27 valent	702 l	f	le tier	8 l	13 f 4
28 valent	728 l	f	le 6. me	4 l	6 f 8
29 valent	754 l	f	le 12. me	2 l	3 f 4
30 valent	780 l	f	le 15. me	1 l	14 f 8

A 27. *livres.* la Marchandiſe.

2 valent	54 l	ſ	31	837 l ſ
3 valent	81 l	ſ	32	864 l ſ
4 valent	108 l	ſ	33	891 l ſ
5 valent	135 l	ſ	34	918 l ſ
6 valent	162 l	ſ	35	945 l ſ
7 valent	189 l	ſ	36	972 l ſ
8 valent	216 l	ſ	37	999 l ſ
9 valent	243 l	ſ	38	1026 l ſ
10 valent	270 l	ſ	39	1053 l ſ
11 valent	297 l	ſ	40	1080 l ſſ
12 valent	324 l	ſ	50	1350 l ſ
13 valent	351 l	ſ	60	1620 l ſ
14 valent	378 l	ſ	70	1890 l ſ
15 valent	405 l	ſ	80	2160 l ſ
16 valent	432 l	ſ	90	2430 l ſ
17 valent	459 l	ſ	100	2700 l ſ
18 valent	486 l	ſ	200	5400 l ſ
19 valent	513 l	ſ	300	8100 l ſ
20 valent	540 l	ſ	400.	10800 l ſ
21 valent	567 l	ſ	3 quarts	20 l ſſ
22 valent	594 l	ſ	le demi	13 l 10 ſ
23 valent	621 l	ſ	le quart	6 l 15 ſ —
24 valent	648 l	ſ	le 8me.	3 l 7 ſ 6
25 valent	675 l	ſ	le 16me	1 l 13 ſ 9
26 valent	702 l	ſ	2. tiers	18 l — ſ —
27 valent	729 l	ſ	le tier	9 l — ſ —
28 valent	756 l	ſ	le 6me.	4 l 10 ſ —
29 valent	783 l	ſ	le 12me.	2 l 5 ſ —
30 valent	810 l	ſ	le 15.me	1 l 16 ſ —

Q ***

2 valent	56 l	ſ		31	868 l	ſ
3 valent	84 l	ſ		32	896 l	ſ
4 valent	112 l	ſ		33	924 l	ſ
5 valent	140 l	ſ		34	952 l	ſ
6 valent	168 l	ſ		35	980 l	ſ
7 valent	196 l	ſ		36	1008 l	ſ
8 valent	224 l	ſ		37	1036 l	ſ
9 valent	252 l	ſ		38	1064 l	ſ
10 valent	280 l	ſ		39	1092 l	ſ
11 valent	308 l	ſ		40	1120 l	ſ
12 valent	336 l	ſ		50	1400 l	ſ
13 valent	364 l	ſ		60	1680 l	ſ
14 valent	392 l	ſ		70	1960 l	ſ
15 valent	420 l	ſ		80	2240 l	ſ
16 valent	448 l	ſ		90	2520 l	ſ
17 valent	476 l	ſ		100	2800 l	ſ
18 valent	504 l	ſ		200	5600 l	ſ
19 valent	532 l	ſ		300	8400 l	ſ
20 valent	560 l	ſ		400.	11200 l	ſ
21 valent	588 l	ſ		3. quarts	21 l	ſ
22 valent	616 l	ſ		le demi	14 l	ſ
23 valent	644 l	ſ		le quart	7 l —	ſ
24 valent	672 l	ſ		le 8me.	3 l 10	ſ
25 valent	700 l	ſ		le 16me.	1 l 15	ſ
26 valent	728 l	ſ		2. tiers	18 l 13 ſ	4
27 valent	756 l	ſ		le tier	9 l 6 ſ	8
28 valent	784 l	ſ		le 6me.	4 l 13 ſ	4
29 valent	812 l	ſ		le 12me	2 l 6 ſ	8
30 valent	840 l	ſ		le 15.me	1 l 17 ſ	4

A 29. *livres* la Marchandise

2 valent	58 l	ſ		31	899 l	ſ
3 valent	87 l	ſ		32	928 l	ſ
4 valent	116 l	ſ		33	957 l	ſ
5 valent	145 l	ſ		34	986 l	ſ
6 valent	174 l	ſ		35	1015 l	ſ
7 valent	203 l	ſ		36	1044 l	ſ
8 valent	232 l	ſ		37	1073 l	ſ
9 valent	261 l	ſ		38	1102 l	ſ
10 valent	290 l	ſ		39	1131 l	ſ
11 valent	319 l	ſ		40	1160 l	ſ
12 valent	348 l	ſ		50	1450 l	ſ
13 valent	377 l	ſ		60	1740 l	ſ
14 valent	406 l	ſ		70	2030 l	ſ
15 valent	435 l	ſ		80	2320 l	ſ
16 valent	464 l	ſ		90	2610 l	ſ
17 valent	493 l	ſ		100	2900 l	ſ
18 valent	522 l	ſ		200	5800 l	ſ
19 valent	551 l	ſ		300	8700 l	ſ
20 valent	580 l	ſ		400.	11600 l	ſ
21 valent	609 l	ſ		3.quarts	21 l 15	ſ
22 valent	638 l	ſ		le demi	14 l 10	ſ
23 valent	667 l	ſ		le quart	7 l 5	ſ
24 valent	696 l	ſ		le 8.me	3 l 12 ſ	6
25 valent	725 l	ſ		le 16.me	1 l 16 ſ	3
26 valent	754 l	ſ		2.Tiers	19 l 6 ſ	8
27 valent	783 l	ſ		le Tier	9 l 13 ſ	4
28 valent	812 l	ſ		le.6.me	4 l 16 ſ	8
29 valent	841 l	ſ		le 12.me	2 l 8 ſ	4
30 valent	870 l	ſ		le 15.me	1 l 18 ſ	8

A 30 *livres* la Marchandise.

2 valent	60 l	ſ		31	930 l	ſ
3 valent	90 l	ſ		32	960 l	ſ
4 valent	120 l	ſ		33	990 l	ſ
5 valent	150 l	ſ		34	1020 l	ſ
6 valent	180 l	ſ		35	1050 l	ſ
7 valent	210 l	ſ		36	1080 l	ſ
8 valent	240 l	ſ		37	1110 l	ſ
9 valent	270 l	ſ		38	1140 l	ſ
10 valent	300 l	ſ		39	1170 l	ſ
11 valent	330 l	ſ		40	1200 l	ſ
12 valent	360 l	ſ		50	1500 l	ſ
13 valent	390 l	ſ		60	1800 l	ſ
14 valent	420 l	ſ		70	2100 l	ſ
15 valent	450 l	ſ		80	2400 l	ſ
16 valent	480 l	ſ		90	2700 l	ſ
17 valent	510 l	ſ		100	3000 l	ſ
18 valent	540 l	ſ		200	6000 l	ſ
19 valent	570 l	ſ		300	9000 l	ſ
20 valent	600 l	ſ		400.	12000 l	ſ
21 valent	630 l	ſ		3. quars	22 l 10	ſ
22 valent	660 l	ſ		le demi	15 l —	ſ
23 valent	690 l	ſ		le quart	7 l 10	ſ
24 valent	720 l	ſ		le 8me.	3 l 15	ſ
25 valent	750 l	ſ		le 16me.	1 l 17	ſ 6
26 valent	780 l	ſ		2. tiers	20 l —	ſ
27 valent	810 l	ſ		le tier	10 l —	ſ
28 valent	840 l	ſ		le 6me.	5 l —	ſ
29 valent	870 l	ſ		le 12me.	2 l 10	ſ
30 valent	900 l	ſ		le 15.me	2 l —	ſ

2 valent	62 l	ſ		31	961 l	ſ
3 valent	93 l	ſ		32	992 l	ſ
4 valent	124 l	ſ		33	1023 l	ſ
5 valent	155 l	ſ		34	1054 l	ſ
6 valent	186 l	ſ		35	1085 l	ſ
7 valent	217 l	ſ		36	1116 l	ſ
8 valent	248 l	ſ		37	1147 l	ſ
9 valent	279 l	ſ		38	1178 l	ſ
10 valent	310 l	ſ		39	1209 l	ſ
11 valent	341 l	ſ		40	1240 l	ſ
12 valent	372 l	ſ		50	1550 l	ſ
13 valent	403 l	ſ		60	1860 l	ſ
14 valent	434 l	ſ		70	2170 l	ſ
15 valent	465 l	ſ		80	2480 l	ſ
16 valent	496 l	ſ		90	2790 l	ſ
17 valent	527 l	ſ		100	3100 l	ſ
18 valent	558 l	ſ		200	6200 l	ſ
19 valent	589 l	ſ		300	9300 l	ſ
20 valent	620 l	ſ		400.	12400 l	ſ
21 valent	651 l	ſ		3 quarts	23 l ſ	ſ —
22 valent	682 l	ſ		le demi	15 l 10 ſ	—
23 valent	713 l	ſ		le quart	7 l 15 ſ	—
24 valent	744 l	ſ		le 8me.	3 l 17 ſ	6
25 valent	775 l	ſ		le 16me.	1 l 18 ſ	9
26 valent	806 l	ſ		2. tiers	20 l 13 ſ	4
27 valent	837 l	ſ		le tier	10 l 6 ſ	8
28 valent	868 l	ſ		le 6me.	5 l 3 ſ	4
29 valent	899 l	ſ		le 12me.	2 l 11 ſ	8
30 valent	930 l	ſ		le 15.me	2 l 1 ſ	4

A 32. *livres* la Marchandise.

2 valent	64 l	ſ	31	992 l		1
3 valent	96 l	ſ	32	1024 l	ſ	
4 valent	128 l	ſ	33	1056 l	ſ	
5 valent	160 l	ſ	34	1088 l	ſ	
6 valent	192 l	ſ	35	1120 l	ſ	
7 valent	224 l	ſ	36	1152 l	ſ	
8 valent	256 l	ſ	37	1184 l	ſ	
9 valent	288 l	ſ	38	1216 l	ſ	
10 valent	320 l	ſ	39	1248 l	ſ	
11 valent	352 l	ſ	40	1280 l	ſ	
12 valent	384 l	ſ	50	1600 l	ſ	
13 valent	416 l	ſ	60	1920 l	ſ	
14 valent	448 l	ſ	70	2240 l	ſ	
15 valent	480 l	ſ	80	2560 l	ſ	
16 valent	512 l	ſ	90	2880 l	ſ	
17 valent	544 l	ſ	100	3200 l	ſ	
18 valent	576 l	ſ	200	6400 l	ſ	
19 valent	608 l	ſ	300	9600 l	ſ	
20 valent	640 l	ſ	400.	12800 l	ſ	
21 valent	672 l	ſ	3.quarts	24 l	ſ	
22 valent	704 l	ſ	*le demi*	16 l	ſ	
23 valent	736 l	ſ	*le quarts*	8 l	ſ	
24 valent	768 l	ſ	*le 8 me.*	4 l —	ſ	
25 valent	800 l	ſ	*le 6me.*	2 l —	ſ	
26 valent	832 l	ſ	2.*Tiers*	21 l	6 ſ	8
27 valent	864 l	ſ	*le tier*	10 l 13	ſ	4
28 valent	896 l	ſ	*le 6 me.*	5 l	6 ſ	8
29 valent	928 l	ſ	*le 12me.*	2 l 13	ſ	4
30 valent	960 l	ſ	*le 15.me*	2 l	2 ſ	8

A 33. livres la Marchandiſe.

2 valent	66 l	ſ	31	1023 l	ſ
3 valent	99 l	ſ	32	1056 l	ſ
4 valent	132 l	ſ	33	1089 l	ſ
5 valent	165 l	ſ	34	1122 l	ſ
6 valent	198 l	ſ	35	1155 l	ſ
7 valent	231 l	ſ	36	1188 l	ſ
8 valent	264 l	ſ	37	1221 l	ſ
9 valent	297 l	ſ	38	1254 l	ſ
10 valent	330 l	ſ	39	1287 l	ſ
11 valent	363 l	ſ	40	1320 l	ſ
12 valent	396 l	ſ	50	1650 l	ſ
13 valent	429 l	ſ	60	1980 l	ſ
14 valent	462 l	ſ	70	2310 l	ſ
15 valent	495 l	ſ	80	2640 l	ſ
16 valent	528 l	ſ	90	2970 l	ſ
17 valent	561 l	ſ	100	3300 l	ſ
18 valent	594 l	ſ	200	6600 l	ſ
19 valent	627 l	ſ	300	9900 l	ſ
20 valent	660 l	ſ	400.	13200 l	ſ
21 valent	693 l	ſ	3.quart.	24 l	15 ſ
22 valent	726 l	ſ	le dmi	16 l	10 ſ
23 valent	759 l	ſ	le quart	8 l	5 ſ
24 valent	792 l	ſ	le 8.me	4 l	2 ſ 6
25 valent	825 l	ſ	le 16.me	2 l	1 ſ 3
26 valent	858 l	ſ	2.tiers.	22 l —	ſ —
27 valent	891 l	ſ	le tier	11 l —	ſ —
28 valent	924 l	ſ	le 6.me	5 l	10 ſ —
29 valent	957 l	ſ	le 12.me	2 l	15 ſ —
30 valent	990 l	ſ	le 15.me	2 l	4 ſ —

		l	f				l	f	
2 valent	68	l	ſ		31	1054	l	ſ	
3 valent	102	l	ſ		32	1088	l	ſ	
4 valent	136	l	ſ		33	1122	l	ſ	
5 valent	170	l	ſ		34	1156	l	ſ	
6 valent	204	l	ſ		35	1190	l	ſ	
7 valent	238	l	ſ		36	1224	l	ſ	
8 valent	272	l	ſ		37	1258	l	ſ	
9 valent	306	l	ſ		38	1292	l	ſ	
10 valent	340	l	ſ		39	1326	l	ſ	
11 valent	374	l	ſ		40	1360	l	ſ	
12 valent	408	l	ſ		50	1700	l	ſ	
13 valent	442	l	ſ		60	2040	l	ſ	
14 valent	476	l	ſ		70	2380	l	ſ	
15 valent	510	l	ſ		80	2720	l	ſ	
16 valent	544	l	ſ		90	3060	l	ſ	
17 valent	578	l	ſ		100	3400	l	ſ	
18 valent	612	l	ſ		200	6800	l	ſ	
19 valent	646	l	ſ		300.	10200	l	ſ	
20 valent	680	l	ſ		400.	13600	l	ſ	
21 valent	714	l	ſ		3.quart.	25	l	10 ſ	—
22 valent	748	l	ſ		le demi	17	l	— ſ	—
23 valent	782	l	ſ		le quart	8	l	10 ſ	—
24 valent	816	l	ſ		le 8me.	4	l	5 ſ	—
25 valent	850	l	ſ		le 6me.	2	l	2 ſ	6
26 valent	884	l	ſ		2.tiers	22	l	13 ſ	4
27 valent	918	l	ſ		le tier	11	l	6 ſ	8
28 valent	952	l	ſ		le 6me.	5	l	13 ſ	4
29 valent	986	l	ſ		le 12me.	2	l	16 ſ	8
30 valent	1020	l	ſ		le 15.me	2	l	5 ſ	4

A 35. *livres* la Marchandise.

2 valent	70 l	ſ	31	1085 l	ſ
3 valent	105 l	ſ	32	1120 l	ſ
4 valent	140 l	ſ	33	1155 l	ſ
5 valent	175 l	ſ	34	1190 l	ſ
6 valent	210 l	ſ	35	1225 l	ſ
7 valent	245 l	ſ	36	1260 l	ſ
8 valent	280 l	ſ	37	1295 l	ſ
9 valent	315 l	ſ	38	1330 l	ſ
10 valent	350 l	ſ	39	1365 l	ſ
11 valent	385 l	ſ	40	1400 l	ſ
12 valent	420 l	ſ	50	1750 l	ſ
13 valent	455 l	ſ	60	2100 l	ſ
14 valent	490 l	ſ	70	2450 l	ſ
15 valent	525 l	ſ	80	2800 l	ſ
16 valent	560 l	ſ	90	3150 l	ſ
17 valent	595 l	ſ	100	3500 l	ſ
18 valent	630 l	ſ	200	7000 l	ſ
19 valent	665 l	ſ	300	10500 l	ſ
20 valent	700 l	ſ	400	14000 l	ſ
21 valent	735 l	ſ	3. quarts	26 l	ſ ſ —
22 valent	770 l	ſ	le demi	17 l 10	ſ —
23 valent	805 l	ſ	le quart	8 l 15	ſ —
24 valent	840 l	ſ	le 8me.	4 l 7	ſ 6
25 valent	875 l	ſ	le 16me.	2 l 3	ſ 9
26 valent	910 l	ſ	2. tiers	23 l 6	ſ 8
27 valent	945 l	ſ	le tier	11 l 13	ſ 4
28 valent	980 l	ſ	le 6.me	5 l 16	ſ 8
29 valent	1015 l	ſ	le 12.me	2 l 18	ſ 4
30 valent	1050 l	ſ	le 15me.	1 l 6	ſ 8

R

2 valent	72 l	ſ	31	1116 l	ſ
3 valent	108 l	ſ	32	1152 l	ſ
4 valent	144 l	ſ	33	1188 l	ſ
5 valent	180 l	ſ	34	1224 l	ſ
6 valent	216 l	ſ	35	1260 l	ſ
7 valent	252 l	ſ	36	1296 l	ſ
8 valent	288 l	ſ	37	1332 l	ſ
9 valent	324 l	ſ	38	1368 l	ſ
10 valent	360 l	ſ	39	1404 l	ſ
11 valent	396 l	ſ	40	1440 l	ſ
12 valent	432 l	ſ	50	1800 l	ſ
13 valent	468 l	ſ	60	2160 l	ſ
14 valent	504 l	ſ	70	2520 l	ſ
15 valent	540 l	ſ	80	2880 l	ſ
16 valent	576 l	ſ	90	3240 l	ſ
17 valent	612 l	ſ	100	3600 l	ſ
18 valent	648 l	ſ	200	7200 l	ſ
19 valent	684 l	ſ	300	10800 l	ſ
20 valent	720 l	ſ	400	14400 l	ſ
21 valent	756 l	ſ	3.quarts	27 l	ſ
22 valent	792 l	ſ	le demi	18 l	ſ
23 valent	828 l	ſ	lequart	9 l	ſ
24 valent	864 l	ſ	le 8.me	4 l 10	ſ
25 valent	900 l	ſ	le 16.me	2 l 5	ſ
26 valent	936 l	ſ	2.tiers	24 l —	ſ
27 valent	972 l	ſ	le tier	12 l —	ſ
28 valent	1008 l	ſ	le 6.me	6 l —	ſ
29 valent	1044 l	ſ	le 12.me	3 l —	ſ
30 valent	1080 l	ſ	le 15.me	2 l 8	ſ

A *37. livres* la Marchandise.

		l	ſ			l	ſ
2	valent	74	ſ	31		1147	ſ
3	valent	111	ſ	32		1184	ſ
4	valent	148	ſ	33		1221	ſ
5	valent	185	ſ	34		1258	ſ
6	valent	222	ſ	35		1295	ſ
7	valent	259	ſ	36		1332	ſ
8	valent	296	ſ	37		1369	ſ
9	valent	333	ſ	38		1406	ſ
10	valent	370	ſ	39		1443	ſ
11	valent	407	ſ	40		1480	ſ
12	valent	444	ſ	50		1850	ſ
13	valent	481	ſ	60		2220	ſ
14	valent	518	ſ	70		2590	ſ
15	valent	555	ſ	80		2960	ſ
16	valent	592	ſ	90		3330	ſ
17	valent	629	ſ	100		3700	ſ
18	valent	666	ſ	200		7400	ſ
19	valent	703	ſ	300		11100	ſ
20	valent	740	ſ	400.		14800	ſ
21	valent	777	ſ	3. quarts	27 l	15	ſ
22	valent	814	ſ	le demi	18 l	10	ſ
23	valent	851	ſ	le quart	9 l	5	ſ
24	valent	888	ſ	le 8me.	4 l	12	ſ 6
25	valent	925	ſ	le 16me.	2 l	6	ſ 3
26	valent	962	ſ	2. tiers	24 l	13	ſ 4
27	valent	999	ſ	le tier	12 l	6	ſ 8
28	valent	1036	ſ	le 6me.	6 l	3	ſ 4
29	valent	1073	ſ	le 12me.	3 l	1	ſ 8
30	valent	1110	ſ	le 15.me	2 l	9	ſ 4

R **

A 38. *livres* la Marchandise.

2 valent	76 l	ſ		31.	1178 l.	ſ
3 valent	114 l	ſ		32	1216 ſ	ſ
4 valent	152 l	ſ		33	1254 l	ſ
5 valent	190 l	ſ		34	1292 l	ſ
6 valent	228 l	ſ		35	1330 l	ſ
7 valent	266 l	ſ		36	1368 l	ſ
8 valent	304 l	ſ		37	1406 l	ſ
9 valent	342 l	ſ		38	1444 l	ſ
10 valent	380 l	ſ		39	1482 l	ſ
11 valent	418 l	ſ		40	1520 l	ſ
12 valent	456 l	ſ		50	1900 l	ſ
13 valent	494 l	ſ		60	2280 l	ſ
14 valent	532 l	ſ		70	2660 l	ſ
15 valent	570 l	ſ		80	3040 l	ſ
16 valent	608 l	ſ		90	3420 l	ſ
17 valent	646 l	ſ		100	3800 l	ſ
18 valent	684 l	ſ		200	7600 l	ſ
19 valent	722 l	ſ		300	11400 l	ſ
20 valent	760 l	ſ		400	15200 l	ſ
21 valent	798 l	ſ		3. quarts	28 l	10 ſ
22 valent	836 l	ſ		le demi	19 l	— ſ
23 valent	874 l	ſ		le quart	9 l	10 ſ
24 valent	912 l	ſ		le 8.me	4 l	15 ſ
25 valent	950 l	ſ		le 16.me	2 l	7 ſ 6
26 valent	988 l	ſ		2. tiers	25 l	6 ſ 8
27 valent	1026 l	ſ		le tier	12 l	13 ſ 4
28 valent	1064 l	ſ		le 6.me	6 l	6 ſ 8
29 valent	1102 l	ſ		le 12.me	3 l	3 ſ 4
30 valent	1140 l	ſ		le 15.me	2 l	10 ſ 8

A 39. *livres*. la Marchandise.

2 valent	78	l	ſ	31	1209	l ſ
3 valent	117	l	ſ	32	1248	l ſ
4 valent	156	l	ſ	33	1287	l ſ
5 valent	195	l	ſ	34	1326	l ſ
6 valent	234	l	ſ	35	1365	l ſ
7 valent	273	l	ſ	36	1404	l ſ
8 valent	312	l	ſ	37	1443	l ſ
9 valent	351	l	ſ	38	1482	l ſ
10 valent	390	l	ſ	39	1521	l ſ
11 valent	429	l	ſ	40	1560	l ſ
12 valent	468	l	ſ	50	1950	l ſ
13 valent	507	l	ſ	60	2340	l ſ
14 valent	546	l	ſ	70	2730	l ſ
15 valent	585	l	ſ	80	3120	l ſ
16 valent	624	l	ſ	90	3510	l ſ
17 valent	663	l	ſ	100	3900	l ſ
18 valent	702	l	ſ	200	7800	l ſ
19 valent	741	l	ſ	300	11700	l ſ
20 valent	780	l	ſ	400	15600	l ſ
21 valent	819	l	ſ	3 quarts	29 l	ſ
22 valent	858	l	ſ	le demi	19 l 10	ſ
23 valent	897	l	ſ	le quart	9 l 15	ſ
24 valent	936	l	ſ	le 8me.	4 l 17	ſ .6
25 valent	975	l	ſ	le 16me	2 l 8	ſ 9
26 valent	1014	l	ſ	2. tiers	26 l	ſ
27 valent	1053	l	ſ	le tier	13 l	ſ
28 valent	1092	l	ſ	le 6me.	6 l 10	ſ
29 valent	1131	l	ſ	le 12me.	3 l	ſ
30 valent	1170	l	ſ	le 15.me	2 l 12	ſ

R ✸**

A 40. livres la Marchandise.

2 valent	80 l	ſ		31	1240 l	ſ	
3 valent	120 l	ſ		32	1280 l	ſ	
4 valent	160 l	ſ		33	1320 l	ſ	
5 valent	200 l	ſ		34	1360 l	ſ	
6 valent	240 l	ſ		35	1400 l	ſ	
7 valent	280 l	ſ		36	1440 l	ſ	
8 valent	320 l	ſ		37	1480 l	ſ	
9 valent	360 l	ſ		38	1520 l	ſ	
10 valent	400 l	ſ		39	1560 l	ſ	
11 valent	440 l	ſ		40	1600 l	ſ	
12 valent	480 l	ſ		50	2000 l	ſ	
13 valent	520 l	ſ		60	2400 l	ſ	
14 valent	560 l	ſ		70	2800 l	ſ	
15 valent	600 l	ſ		80	3200 l	ſ	
16 valent	640 l	ſ		90	3600 l	ſ	
17 valent	680 l	ſ		100	4000 l	ſ	
18 valent	720 l	ſ		200	8000 l	ſ	
19 valent	760 l	ſ		300	12000 l	ſ	
20 valent	800 l	ſ		400	16000 l	ſ	
21 valent	840 l	ſ		3 quarts	30 l	ſ	
22 valent	880 l	ſ		le demi	20 l	ſ	
23 valent	920 l	ſ		le quart	10 l	— ſ	
24 valent	960 l	ſ		le 8me.		5 l — ſ	
25 valent	1000 l	ſ		le 16me		2 l 10 ſ	
26 valent	1040 l	ſ		2. tiers	26 l 13 ſ	4	
27 valent	1080 l	ſ		le tier	13 l 6 ſ	8	
28 valent	1120 l	ſ		le 6me.	6 l 13 ſ	4	
29 valent	1160 l	ſ		le 12me	3 l 6 ſ	8	
30 valent	1200 l	ſ		le 15.me	2 l 13 ſ	4	

A 41. *livres* la Marchandise

2 valent	82 l	ſ		31	1271 l	ſ		
3 valent	123 l	ſ		32	1312 l	ſ		
4 valent	164 l	ſ		33	1353 l	ſ		
5 valent	205 l	ſ		34	1394 l	ſ		
6 valent	246 l	ſ		35	1435 l	ſ		
7 valent	287 l	ſ		36	1476 l	ſ		
8 valent	328 l	ſ		37	1517 l	ſ		
9 valent	369 l	ſ		38	1558 l	ſ		
10 valent	410 l	ſ		39	1599 l	ſ		
11 valent	451 l	ſ		40	1640 l	ſ		
12 valent	492 l	ſ		50	2050 l	ſ		
13 valent	533 l	ſ		60	2460 l	ſ		
14 valent	574 l	ſ		70	2870 l	ſ		
15 valent	615 l	ſ		80	3280 l	ſ		
16 valent	656 l	ſ		90	3690 l	ſ		
17 valent	697 l	ſ		100	4100 l	ſ		
18 valent	738 l	ſ		200	8200 l	ſ		
19 valent	779 l	ſ		300	12300 l	ſ		
20 valent	820 l	ſ		400	16400 l	ſ		
21 valent	861 l	ſ		3. quarts	30 l	15 ſ		
22 valent	902 l	ſ		le demi	20 l	10 ſ		
23 valent	943 l	ſ		le quart	10 l	5 ſ		
24 valent	984 l	ſ		le 8me.	5 l	2 ſ	6	
25 valent	1025 l	ſ		le 16me.	2 l	11 ſ	3	
26 valent	1066 l	ſ		2. Tiers	27 l	6 ſ	8	
27 valent	1107 l	ſ		le Tier	13 l	13 ſ	4	
28 valent	1148 l	ſ		le 6me.	6 l	16 ſ	8	
29 valent	1189 l	ſ		le 12.me	3 l	8 ſ	4	
30 valent	1230 l	ſ		le 15.me	2 l	14 ſ	8	

A 42 livres la Marchandise.

2 valent	84 l	ſ
3 valent	126 l	ſ
4 valent	168 l	ſ
5 valent	210 l	ſ
6 valent	252 l	ſ
7 valent	294 l	ſ
8 valent	336 l	ſ
9 valent	378 l	ſ
10 valent	420 l	ſ
11 valent	462 l	ſ
12 valent	504 l	ſ
13 valent	546 l	ſ
14 valent	588 l	ſ
15 valent	630 l	ſ
16 valent	672 l	ſ
17 valent	714 l	ſ
18 valent	756 l	ſ
19 valent	798 l	ſ
20 valent	840 l	ſ
21 valent	882 l	ſ
22 valent	924 l	ſ
23 valent	966 l	ſ
24 valent	1008 l	ſ
25 valent	1050 l	ſ
26 valent	1092 l	ſ
27 valent	1134 l	ſ
28 valent	1176 l	ſ
29 valent	1218 l	ſ
30 valent	1260 l	ſ

31	1302 l	ſ
32	1344 l	ſ
33	1386 l	ſ
34	1428 l	ſ
35	1470 l	ſ
36	1512 l	ſ
37	1554 l	ſ
38	1596 l	ſ
39	1638 l	ſ
40	1680 l	ſ
50	2100 l	ſ
60	2520 l	ſ
70	2940 l	ſ
80	3360 l	ſ
90	3780 l	ſ
100	4200 l	ſ
200	8400 l	ſ
300	12600 l	ſ
400	16800 l	ſ

3. quars	31 l	10 ſ		
le demi	21 l	— ſ		
le quart	10 l	10 ſ		
le 8me.	5 l	5 ſ		
le 16me.	2 l	12 ſ	6
2. tiers	28 l	— ſ		
le tier	14 l	— ſ		
le 6me.	7 l	— ſ		
le 12me.	3 l	10 ſ		
le 15.me	2 l	16 ſ		

2 valent	86 l	
3 valent	129 l	ſ
4 valent	172 l	₁
5 valent	215 l	₁
6 valent	258 l	₁
7 valent	301 l	₁
8 valent	344 l	₁
9 valent	387 l	ſ
10 valent	430 l	₁
11 valent	473 l	₁
12 valent	516 l	₁
13 valent	559 l	₁
14 valent	602 l	
15 valent	645 l	ſ
16 valent	688 l	ſ
17 valent	731 l	ſ
18 valent	774 l	ſ
19 valent	817 l	ſ
20 valent	860 l	ſ
21 valent	903 l	ſ
22 valent	946 l	ſ
23 valent	989 l	ſ
24 valent	1032 l	ſ
25 valent	1075 l	ſ
26 valent	1118 l	ſ
27 valent	1161 l	ſ
28 valent	1204 l	ſ
29 valent	1247 l	ſ
30 valent	1290 l	ſ

31	1333 l		ſ	
32	1376 l		ſ	
33	1419 l		ſ	
34	1462 l		ſ	
35	1505 l		ſ	
36	1548 l		ſ	
37	1591 l		ſ	
38	1634 l		ſ	
39	1677 l		ſ	
40	1720 l		ſ	
50	2150 l		ſ	
60	2580 l		ſ	
70	3010 l		ſ	
80	3440 l		ſ	
90	3870 l		ſ	
100	4300 l		ſ	
200	8600 l		ſ	
300	12900 l		ſ	
400	17200 l		ſ	
3. quarts	32 l		ſ ſ —	
le demi	21 l	10 ſ —		
le quart	10 l	15 ſ —		
le 8me.	5 l	7 ſ	6	
le 16me.	2 l	13 ſ	9	
2. tiers	28 l	13 ſ	4	
le tier	14 l	6 ſ	8	
le 6me.	7 l	3 ſ	4	
le 12me.	3 l	11 ſ	8	
le 15.me	2 l	17 ſ	4	

A 44. livres la Marchandise.

		l	s				l	s	d
2	valent	88	f		31		1364	1	
3	valent	132	f		32		1408	f	
4	valent	176	f		33		1452	f	
5	valent	220	f		34		1496	f	
6	valent	264	f		35		1540	f	
7	valent	308	f		36		1584	f	
8	valent	352	f		37		1628	f	
9	valent	396	f		38		1672	f	
10	valent	440	f		39		1716	f	
11	valent	484	f		40		1760	f	
12	valent	528	f		50		2200	f	
13	valent	572	f		60		2640	f	
14	valent	616	f		70		3080	f	
15	valent	660	f		80		3520	f	
16	valent	704	f		90		3960	f	
17	valent	748	f		100		4400	f	
18	valent	792	f		200		8800	f	
19	valent	836	f		300		13200	f	
20	valent	880	f		400		17600	f	
21	valent	924	f		3. quarts		33	f	
22	valent	968	f		le demi		22	f	
23	valent	1012	f		le quarts		11	f	
24	valent	1056	f		le 8 me.		5	10	f
25	valent	1100	f		le 6me.		2	15	f
26	valent	1144	f		2. Tiers		29	6	f 8
27	valent	1188	f		le tier		14	13	f 4
28	valent	1232	f		le 6 me.		7	6	f 8
29	valent	1276	f		le 12me.		3	13	f 4
30	valent	1320	f		le 15.me		2	18	f 8

A 45. livres la Marchandise.

		l	s
2	valent	90	
3	valent	135	
4	valent	180	
5	valent	225	
6	valent	270	
7	valent	315	
8	valent	360	
9	valent	405	
10	valent	450	
11	valent	495	
12	valent	540	
13	valent	585	
14	valent	630	
15	valent	675	
16	valent	720	
17	valent	765	
18	valent	810	
19	valent	855	
20	valent	900	
21	valent	945	
22	valent	990	
23	valent	1035	
24	valent	1080	
25	valent	1125	
26	valent	1170	
27	valent	1215	
28	valent	1260	
29	valent	1305	
30	valent	1350	

	l	s	
31	1395		
32	1440		
33	1485		
34	1530		
35	1575		
36	1620		
37	1665		
38	1710		
39	1755		
40	1800		
50	2250		
60	2700		
70	3150		
80	3600		
90	4050		
100	4500		
200	9000		
300	13500		
400	18000		
3. quarts	33 l	15 s	
le dmi	22 l	10 s	
le quart	11 l	5 s	
le 8.me	5 l	12 s	6
le 16.me	2 l	16 s	3
2. tiers	30 l	— s	—
le tier	15 l	— s	—
le 6.me	7 l	10 s	—
le 12.me	3 l	15 s	—
le 15.me	3 l	— s	—

A 46. livres la Marchandiſe.

2 valent	92 l	ſ		31	1426 l	ſ
3 valent	138 l	ſ		32	1472 l	ſ
4 valent	184 l	ſ		33	1518 l	ſ
5 valent	230 l	ſ		34	1564 l	ſ
6 valent	276 l	ſ		35	1610 l	ſ
7 valent	322 l	ſ		36	1656 l	ſ
8 valent	368 l	ſ		37	1702 l	ſ
9 valent	414 l	ſ		38	1748 l	ſ
10 valent	460 l	ſ		39	1794 l	ſ
11 valent	506 l	ſ		40	1840 l	ſ
12 valent	552 l	ſ		50	2300 l	ſ
13 valent	598 l	ſ		60	2760 l	ſ
14 valent	644 l	ſ		70	3220 l	ſ
15 valent	690 l	ſ		80	3680 l	ſ
16 valent	736 l	ſ		90	4140 l	ſ
17 valent	782 l	ſ		100	4600 l	ſ
18 valent	828 l	ſ		200	9200 l	ſ
19 valent	874 l	ſ		300	13800 l	ſ
20 valent	920 l	ſ		400	18400 l	ſ
21 valent	966 l	ſ		3. quarts	34 l	10 ſ .
22 valent	1012 l	ſ		le demi	23 l	— ſ
23 valent	1058 l	ſ		le quart	11 l	10 ſ
24 valent	1104 l	ſ		le 8me.	5 l	15 ſ
25 valent	1150 l	ſ		le 16me.	2 l	17 ſ 6.
26 valent	1196 l	ſ		2. tiers	30 l	13 ſ 4
27 valent	1242 l	ſ		le tier	15 l	6 ſ 8
28 valent	1288 l	ſ		le 6me.	7 l	13 ſ 4
29 valent	1334 l	ſ		le 11me.	3 l	16 ſ 8
30 valent	1380 l	ſ		le 15.me	3 l	1 ſ 4

A 47. livres la Marchandiſe.

2 valent	94 l	ſ	31	1457 l	ſ
3 valent	141 l	ſ	32	1504 l	ſ
4 valent	188 l	ſ	33	1551 l	ſ
5 valent	235 l	ſ	34	1598 l	ſ
6 valent	282 l	ſ	35	1645 l	ſ
7 valent	329 l	ſ	36	1692 l	ſ
8 valent	376 l	ſ	37	1739 l	ſ
9 valent	423 l	ſ	38	1786 l	ſ
10 valent	470 l	ſ	39	1833 l	ſ
11 valent	517 l	ſ	40	1880 l	ſ
12 valent	564 l	ſ	50	2350 l	ſ
13 valent	611 l	ſ	60	2820 l	ſ
14 valent	658 l	ſ	70	3290 l	ſ
15 valent	705 l	ſ	80	3760 l	ſ
16 valent	752 l	ſ	90	4230 l	ſ
17 valent	799 l	ſ	100	4700 l	ſ
18 valent	846 l	ſ	200	9400 l	ſ
19 valent	893 l	ſ	300	14100 l	ſ
20 valent	940 l	ſ	400	18800 l	ſ
21 valent	987 l	ſ	3. quarts	35 l	5 ſ —
22 valent	1034 l	ſ	le demi	23 l	10 ſ —
23 valent	1081 l	ſ	le quart	11 l	15 ſ —
24 valent	1128 l	ſ	le 8.me	5 l	17 ſ 6
25 valent	1175 l	ſ	le 16.me	2 l	18 ſ 9
26 valent	1222 l	ſ	2. tiers	31 l	6 ſ 8
27 valent	1269 l	ſ	le tier	15 l	13 ſ 4
28 valent	1316 l	ſ	le 6.me	7 l	16 ſ 8
29 valent	1363 l	ſ	le 12.me	3 l	18 ſ 4
30 valent	1410 l	ſ	le 24.me	1 l	19 ſ 2

S

A 48. *livres* la Marchandise.

2 valent	96 l		31	1488 l
3 valent	144 l		32	1536 l
4 valent	192 l		33	1584 l
5 valent	240 l		34	1632 l
6 valent	288 l		35	1680 l
7 valent	336 l		36	1728 l
8 valent	384 l		37	1776 l
9 valent	432 l		38	1824 l
10 valent	480 l		39	1872 l
11 valent	528 l		40	1920 l
12 valent	576 l		50	2400 l
13 valent	624 l		60	2880 l
14 valent	672 l		70	3360 l
15 valent	720 l		80	3840 l
16 valent	768 l		90	4320 l
17 valent	816 l		100	4800 l
18 valent	864 l		200	9600 l
19 valent	912 l		300	14400 l
20 valent	960 l		400	19200 l
21 valent	1008 l		3. quarts	36 l
22 valent	1056 l		le demi	24 l
23 valent	1104 l		le quart	12 l
24 valent	1152 l		le 8.me	6 l
25 valent	1200 l		le 16.me	3 l
26 valent	1248 l		2. tiers	32 l
27 valent	1296 l		le tier	16 l
28 valent	1344 l		le 6.me	8 l
29 valent	1392 l		le 12.me	4 l
30 valent	1440 l		le 24.me	2 l

A 49. *livres* la Marchandiſe.

		ſ			ſ
2 valent	98 l	ſ	31	1519 l	ſ
3 valent	147 l	ſ	32	1568 l	ſ
4 valent	196 l	ſ	33	1617 l	ſ
5 valent	245 l	ſ	34	1666 l	ſ
6 valent	294 l	ſ	35	1715 l	ſ
7 valent	343 l	ſ	36	1764 l	ſ
8 valent	392 l	ſ	37	1813 l	ſ
9 valent	441 l	ſ	38	1862 l	ſ
10 valent	490 l	ſ	39	1911 l	ſ
11 valent	539 l	ſ	40	1960 l	ſ
12 valent	588 l	ſ	50	2450 l	ſ
13 valent	637 l	ſ	60	2940 l	ſ
14 valent	686 l	ſ	70	3430 l	ſ
15 valent	735 l	ſ	80	3920 l	ſ
16 valent	784 l	ſ	90	4410 l	ſ
17 valent	833 l	ſ	100	4900 l	ſ
18 valent	882 l	ſ	200	9800 l	ſ
19 valent	931 l	ſ	300	14700 l	ſ
20 valent	980 l	ſ	400	19600 l	ſ
21 valent	1029 l	ſ	3. quarts	36 l 15	ſ
22 valent	1078 l	ſ	le demi	24 l 10	ſ
23 valent	1127 l	ſ	le quart	12 l 5	ſ
24 valent	1176 l	ſ	le 8me.	6 l 2	ſ 6
25 valent	1225 l	ſ	le 16me.	3 l 1	ſ 3
26 valent	1274 l	ſ	2. tiers	32 l 13	ſ 4
27 valent	1323 l	ſ	le tier	16 l 6	ſ 8
28 valent	1372 l	ſ	le 6me.	8 l 3	ſ 4
29 valent	1421 l	ſ	le 12me.	4 l 1	ſ 8
30 valent	1470 l	ſ	le 24.me	2 l —	ſ 10

A 50. livres la Marchandise.

2 valent	100 l	ſ		
3 valent	150 l	ſ		
4 valent	200 l	ſ		
5 valent	250 l	ſ		
6 valent	300 l	ſ		
7 valent	350 l	ſ		
8 valent	400 l	ſ		
9 valent	450 l	ſ		
10 valent	500 l	ſ		
11 valent	550 l	ſ		
12 valent	600 l	ſ		
13 valent	650 l	ſ		
14 valent	700 l	ſ		
15 valent	750 l	ſ		
16 valent	800 l	ſ		
17 valent	850 l	ſ		
18 valent	900 l	ſ		
19 valent	950 l	ſ		
20 valent	1000 l	ſ		
21 valent	1050 l	ſ		
22 valent	1100 l	ſ		
23 valent	1150 l	ſ		
24 valent	1200 l	ſ		
25 valent	1250 l	ſ		
26 valent	1300 l	ſ		
27 valent	1350 l	ſ		
28 valent	1400 l	ſ		
29 valent	1450 l	ſ		
30 valent	1500 l	ſ		

31	1550 l	ſ	
32	1600 l	ſ	
33	1650 l	ſ	
34	1700 l	ſ	
35	1750 l	ſ	
36	1800 l	ſ	
37	1850 l	ſ	
38	1900 l	ſ	
39	1950 l	ſ	
40	2000 l	ſ	
50	2500 l	ſ	
60	3000 l	ſ	
70	3500 l	ſ	
80	4000 l	ſ	
90	4500 l	ſ	
100	5000 l	ſ	
200	10000 l	ſ	
300	15000 l	ſ	
400	20000 l	ſ	
3. quarts	37 l	10 ſ	
le demi	25 l	— ſ	
le quart	12 l	10 ſ	
le 8.me	6 l	5 ſ	
le 16.me	3 l	2 ſ	6
2. tiers	33 l	6 ſ	8
le tier	16 l	13 ſ	4
le 6.me	8 l	6 ſ	8
le 12.me	4 l	3 ſ	4
le 42.me	2 l	1 ſ	8

A 60. *livres*. la Marchandise.

2 valent	120 l	ſ	31	1860 l	ſ
3 valent	180 l	ſ	32	1920 l	ſ
4 valent	240 l	ſ	33	1980 l	ſ
5 valent	300 l	ſ	34	2040 l	ſ
6 valent	360 l	ſ	35	2100 l	ſ
7 valent	420 l	ſ	36	2160 l	ſ
8 valent	480 l	ſ	37	2220 l	ſ
9 valent	540 l	ſ	38	2280 l	ſ
10 valent	600 l	ſ	39	2340 l	ſ
11 valent	660 l	ſ	40	2400 l	ſ
12 valent	720 l	ſ	50	3000 l	ſ
13 valent	780 l	ſ	60	3600 l	ſ
14 valent	840 l	ſ	70	4200 l	ſ
15 valent	900 l	ſ	80	4800 l	ſ
16 valent	960 l	ſ	90	5400 l	ſ
17 valent	1020 l	ſ	100	6000 l	ſ
18 valent	1080 l	ſ	200	12000 l	ſ
19 valent	1140 l	ſ	300	18000 l	ſ
20 valent	1200 l	ſ	400	24000 l	ſ
21 valent	1260 l	ſ	3 quarts	45 l	ſ
22 valent	1320 l	ſ	le demi	30 l	ſ
23 valent	1380 l	ſ	le quart	15 l	ſ
24 valent	1440 l	ſ	le 8me.	7 l 10 ſ —
25 valent	1500 l	ſ	le 16me.	3 l 15 ſ —
26 valent	1560 l	ſ	2. tiers	40 l — ſ —
27 valent	1620 l	ſ	le tier	20 l — ſ —
28 valent	1680 l	ſ	le 6me.	10 l — ſ —
29 valent	1740 l	ſ	le 12me.	5 l — ſ —
30 valent	1800 l	ſ	le 24me.	2 l 10 ſ —

S ***

A 70. *livres* la Marchandise.

2 valent 140 l ſ		31	2170 l ſ		
3 valent 210 l ſ		32	2240 l ſ		
4 valent 280 l ſ		33	2310 l ſ		
5 valent 350 l ſ		34	2380 l ſ		
6 valent 420 l ſ		35	2450 l ſ		
7 valent 490 l ſ		36	2520 l ſ		
8 valent 560 l ſ		37	2590 l ſ		
9 valent 630 l ſ		38	2660 l ſ		
10 valent 700 l ſ		39	2730 l ſ		
11 valent 770 l ſ		40	2800 l ſ		
12 valent 840 l ſ		50	3500 l ſ		
13 valent 910 l ſ		60	4200 l ſ		
14 valent 980 l ſ		70	4900 l ſ		
15 valent 1050 l ſ		80	5600 l ſ		
16 valent 1120 l ſ		90	6300 l ſ		
17 valent 1190 l ſ		100	7000 l ſ		
18 valent 1260 l ſ		200	14000 l ſ		
19 valent 1330 l ſ		300	21000 l ſ		
20 valent 1400 l ſ		400	28000 l ſ		
21 valent 1470 l ſ		3. quarts	52 l 10 ſ		
22 valent 1540 l ſ		le demi	35 l — ſ		
23 valent 1610 l ſ		le quart	17 l 10 ſ		
24 valent 1680 l ſ		le 8me.	8 l 15 ſ		
25 valent 1750 l ſ		le 16me	4 l 7 ſ 6		
26 valent 1820 l ſ		2. tiers	46 l 13 ſ 4		
27 valent 1890 l ſ		le tiers	23 l 6 ſ 8		
28 valent 1960 l ſ		le 6me.	11 l 13 ſ 4		
29 valent 2030 l ſ		le 12me	5 l 16 ſ 8		
30 valent 2100 l ſ		le 24.me	2 l 18 ſ 4		

A 80. *livres* la Marchandise

2 valent	160 l	ſ	31	2480 l	ſ
3 valent	240 l	ſ	32	2560 l	ſ
4 valent	320 l	ſ	33	2640 l	ſ
5 valent	400 l	ſ	34	2720 l	ſ
6 valent	480 l	ſ	35	2800 l	ſ
7 valent	560 l	ſ	36	2880 l	ſ
8 valent	640 l	ſ	37	2960 l	ſ
9 valent	720 l	ſ	38	3040 l	ſ
10 valent	800 l	ſ	39	3120 l	ſ
11 valent	880 l	ſ	40	3200 l	ſ
12 valent	960 l	ſ	50	4000 l	ſ
13 valent	1040 l	ſ	60	4800 l	ſ
14 valent	1120 l	ſ	70	5600 l	ſ
15 valent	1200 l	ſ	80	6400 l	ſ
16 valent	1280 l	ſ	90	7200 l	ſ
17 valent	1360 l	ſ	100	8000 l	ſ
18 valent	1440 l	ſ	200	16000 l	ſ
19 valent	1520 l	ſ	300	24000 l	ſ
20 valent	1600 l	ſ	400	32000 l	ſ
21 valent	1680 l	ſ	3. quarts	60 l	ſ
22 valent	1760 l	ſ	le demi	40 l	ſ
23 valent	1840 l	ſ	le quart	20 l	ſ
24 valent	1920 l	ſ	le 8me.	10 l	ſ
25 valent	2000 l	ſ	le 16me.	5 l	ſ
26 valent	2080 l	ſ	2. Tiers	53 l	6 ſ 8
27 valent	2160 l	ſ	le Tier	26 l 13	ſ 4
28 valent	2240 l	ſ	le 6me.	13 l	6 ſ 8
29 valent	2320 l	ſ	le 12.me	6 l 13	ſ 4
30 valent	2400 l	ſ	le 24.me	3 l	6 ſ 8

2 valent	180 l	ſ		31	2790 l	ſ
3 valent	270 l	ſ		32	2880 l	ſ
4 valent	360 l	ſ		33	2970 l	ſ
5 valent	450 l	ſ		34	3060 l	ſ
6 valent	540 l	ſ		35	3150 l	ſ
7 valent	630 l	ſ		36	3240 l	ſ
8 valent	720 l	ſ		37	3330 l	ſ
9 valent	810 l	ſ		38	3420 l	ſ
10 valent	900 l	ſ		39	3510 l	ſ
11 valent	990 l	ſ		40	3600 l	ſ
12 valent	1080 l	ſ		50	4500 l	ſ
13 valent	1170 l	ſ		60	5400 l	ſ
14 valent	1260 l	ſ		70	6300 l	ſ
15 valent	1350 l	ſ		80	7200 l	ſ
16 valent	1440 l	ſ		90	8100 l	ſ
17 valent	1530 l	ſ		100	9000 l	ſ
18 valent	1620 l	ſ		200	18000 l	ſ
19 valent	1710 l	ſ		300	27000 l	ſ
20 valent	1800 l	ſ		400	36000 l	ſ
21 valent	1890 l	ſ		3 quars	67 l	10 ſ
22 valent	1980 l	ſ		le demi	45 l —	ſ
23 valent	2070 l	ſ		le quart	22 l	10 ſ
24 valent	2160 l	ſ		le 8me.	11 l	ſ
25 valent	2250 l	ſ		le 16me.	ſ	12 ſ 6
26 valent	2340 l	ſ		2. tiers	60 l —	ſ
27 valent	2430 l	ſ		le tiers	30 l —	ſ
28 valent	2520 l	ſ		le 6me.	15 l —	ſ
29 valent	2610 l	ſ		le 12me.	7 l	10 ſ
30 valent	2700 l	ſ		le 24me.	3 l	15 ſ

A 100. *livres* la Marchandise.

Quantité	Valeur	ſ
2 valent	200 l	ſ
3 valent	300 l	ſ
4 valent	400 l	ſ
5 valent	500 l	ſ
6 valent	600 l	ſ
7 valent	700 l	ſ
8 valent	800 l	ſ
9 valent	900 l	ſ
10 valent	1000 l	ſ
11 valent	1100 l	ſ
12 valent	1200 l	ſ
13 valent	1300 l	ſ
14 valent	1400 l	ſ
15 valent	1500 l	ſ
16 valent	1600 l	ſ
17 valent	1700 l	ſ
18 valent	1800 l	ſ
19 valent	1900 l	ſ
20 valent	2000 l	ſ
21 valent	2100 l	ſ
22 valent	2200 l	ſ
23 valent	2300 l	ſ
24 valent	2400 l	ſ
25 valent	2500 l	ſ
26 valent	2600 l	ſ
27 valent	2700 l	ſ
28 valent	2800 l	ſ
29 valent	2900 l	ſ
30 valent	3000 l	ſ

Quantité	l	ſ	d
31	3100 l	ſ	
32	3200 l	ſ	
33	3300 l	ſ	
34	3400 l	ſ	
35	3500 l	ſ	
36	3600 l	ſ	
37	3700 l	ſ	
38	3800 l	ſ	
39	3900 l	ſ	
40	4000 l	ſ	
50	5000 l	ſ	
60	6000 l	ſ	
70	7000 l	ſ	
80	8000 l	ſ	
90	9000 l	ſ	
100	10000 l	ſ	
200	20000 l	ſ	
300	30000 l	ſ	
400	40000 l	ſ	
3-quarts	75 l	ſ	
le demi	50 l	ſ	
le quart	25 l	ſ	
le 8me.	12 l	10 ſ	
le 16me.	6 l	5 ſ	
2. tiers	66 l	13 ſ	4
le tier	33 l	6 ſ	8
le 6me.	16 l	13 ſ	4
le 12me.	8 l	6 ſ	8
le 24.me	4 l	3 ſ	4

A 200. *livres* la Marchandiſe.

2 valent	400 l	ſ		31	6200 l	ſ
3 valent	600 l	ſ		32	6400 l	ſ
4 valent	800 l	ſ		33	6600 l	ſ
5 valent	1000 l	ſ		34	6800 l	ſ
6 valent	1200 l	ſ		35	7000 l	ſ
7 valent	1400 l	ſ		36	7200 l	ſ
8 valent	1600 l	ſ		37	7400 l	ſ
9 valent	1800 l	ſ		38	7600 l	ſ
10 valent	2000 l	ſ		39	7800 l	ſ
11 valent	2200 l	ſ		40	8000 l	ſ
12 valent	2400 l	ſ		50	10000 l	ſ
13 valent	2600 l	ſ		60	12000 l	ſ
14 valent	2800 l	ſ		70	14000 l	ſ
15 valent	3000 l	ſ		80	16000 l	ſ
16 valent	3200 l	ſ		90	18000 l	ſ
17 valent	3400 l	ſ		100	20000 l	ſ
18 valent	3600 l	ſ		200	40000 l	ſ
19 valent	3800 l	ſ		300	60000 l	ſ
20 valent	4000 l	ſ		400	80000 l	ſ
21 valent	4200 l	ſ		3. quarts	150 l	ſ
22 valent	4400 l	ſ		le demi	100 l	ſ
23 valent	4600 l	ſ		le quarts	50 l	ſ
24 valent	4800 l	ſ		le 8me.	25 l	ſ
25 valent	5000 l	ſ		le 6me.	12 l 10	ſ
26 valent	5200 l	ſ		2. Tiers	133 l 6	ſ 8
27 valent	5400 l	ſ		le tier	66 l 13	ſ 4
28 valent	5600 l	ſ		le 6 me.	33 l 6	ſ 8
29 valent	5800 l	ſ		le 12 me.	16 l 13	ſ 4
30 valent	6000 l	ſ		le 24. me	8 l 6	ſ 8

A 300. *livres* la Marchandife.

2	valent	600 l	ſ	31	9300 l ſ
3	valent	900 l	ſ	32	9600 l ſ
4	valent	1200 l	ſ	33	9900 l ſ
5	valent	1500 l	ſ	34	10200 l ſ
6	valent	1800 l	ſ	35	10500 l ſ
7	valent	2100 l	ſ	36	10800 l ſ
8	valent	2400 l	ſ	37	11100 l ſ
9	valent	2700 l	ſ	38	11400 l ſ
10	valent	3000 l	ſ	39	11700 l ſ
11	valent	3300 l	ſ	40	12000 l ſ
12	valent	3600 l	ſ	50	15000 l ſ
13	valent	3900 l	ſ	60	18000 l ſ
14	valent	4200 l	ſ	70	21000 l ſ
15	valent	4500 l	ſ	80	24000 l ſ
16	valent	4800 l	ſ	90	27000 l ſ
17	valent	5100 l	ſ	100	30000 l ſ
18	valent	5400 l	ſ	200	60000 l ſ
19	valent	5700 l	ſ	300	90000 l ſ
20	valent	6000 l	ſ	400.	120000 l ſ
21	valent	6300 l	ſ	3. *quarts*	225 l ſ
22	valent	6600 l	ſ	*le dmi*	150 l ſ
23	valent	6900 l	ſ	*le quart*	75 l ſ
24	valent	7200 l	ſ	*le* 8.me	37 l 10 ſ
25	valent	7500 l	ſ	*le* 16.me	18 l 15 ſ
26	valent	7800 l	ſ	2. *tiers.*	200 l — ſ
27	valent	8100 l	ſ	*le tier*	100 l — ſ
28	valent	8400 l	ſ	*le* 6.me	50 l — ſ
29	valent	8700 l	ſ	*le* 12.me	25 l — ſ
30	valent	9000 l	ſ	*le* 24.me	12 l 10 ſ

A 400. *livres* la Marchandise.

2 valent	800 l	ſ	31	12400 l	ſ	
3 valent	1200 l	ſ	32	12800 l	ſ	
4 valent	1600 l	ſ	33	13200 l	ſ	
5 valent	2000 l	ſ	34	13600 l	ſ	
6 valent	2400 l	ſ	35	14000 l	ſ	
7 valent	2800 l	ſ	36	14400 l	ſ	
8 valent	3200 l	ſ	37	14800 l	ſ	
9 valent	3600 l	ſ	38	15200 l	ſ	
10 valent	4000 l	ſ	39	15600 l	ſ	
11 valent	4400 l	ſ	40	16000 l	ſ	
12 valent	4800 l	ſ	50	20000 l	ſ	
13 valent	5200 l	ſ	60	24000 l	ſ	
14 valent	5600 l	ſ	70	28000 l	ſ	
15 valent	6000 l	ſ	80	32000 l	ſ	
16 valent	6400 l	ſ	90	36000 l	ſ	
17 valent	6800 l	ſ	100	40000 l	ſ	
18 valent	7200 l	ſ	200	80000 l	ſ	
19 valent	7600 l	ſ	300.	120000 l	ſ	
20 valent	8000 l	ſ	400.	160000 l	ſ	
21 valent	8400 l	ſ	3.quarts	300 l	ſ	
22 valent	8800 l	ſ	le demi	200 l	ſ	
23 valent	9200 l	ſ	le quart	100 l	ſ	
24 valent	9600 l	ſ	le 8me.	50 l	ſ	
25 valent	10000 l	ſ	le 16me.	25 l	ſ	
26 valent	10400 l	ſ	2.tiers	266 l 13 ſ	ſ	4
27 valent	10800 l	ſ	le tier	133 l 6 ſ	ſ	8
28 valent	11200 l	ſ	le 6me.	66 l 13 ſ	ſ	4
29 valent	11600 l	ſ	le 12me.	33 l 6 ſ	ſ	8
30 valent	12000 l	ſ	le 24.me	16 l 13 ſ	ſ	4

A Tant l'année combien vient par mois,
à 20.ſ. l'année vient par mois 1.ſ. 8.d.

à 2 l vient	3 ſ 4 d		à 31	2 l 11 ſ 8
à 3 l vient	5 ſ — d		à 32	2 l 13 ſ 4
à 4 l vient	6 ſ 8 d		à 33	2 l 15 ſ —
à 5 l vient	8 ſ 4 d		à 34	2 l 16 ſ 8
à 6 l vient	10 ſ — d		à 35	2 l 18 ſ 4
à 7 l vient	11 ſ 8 d		à 36	3 l — ſ —
à 8 l vient	13 ſ 4 d		à 37	3 l 1 ſ 8
à 9 l vient	15 ſ — d		à 38	3 l 3 ſ 4
à 10 l vient	16 ſ 8 d		à 39	3 l 5 ſ —
à 11 l vient	18 ſ 4 d		à 40	3 l 6 ſ 8
à 12 l vient	1 l — ſ — d		à 41	3 l 8 ſ 4
à 13 l vient	1 l 1 ſ 8 d		à 42	3 l 10 ſ —
à 14 l vient	1 l 3 ſ 4 d		à 43	3 l 11 ſ 8
à 15 l vient	1 l 5 ſ — d		à 44	3 l 13 ſ 4
à 16 l vient	1 l 6 ſ 8 d		à 45	3 l 15 ſ —
à 17 l vient	1 l 8 ſ 4 d		à 46	3 l 16 ſ 8
à 18 l vient	1 l 10 ſ — d		à 47	3 l 18 ſ 4
à 19 l vient	1 l 11 ſ 8 d		à 48	4 l — ſ —
à 20 l vient	1 l 13 ſ 4 d		à 49	4 l 1 ſ 8
à 21 l vient	1 l 15 ſ — d		à 50	4 l 3 ſ 4
à 22 l vient	1 l 16 ſ 8 d		à 60	5 l — ſ —
à 23 l vient	1 l 18 ſ 4 d		à 70	5 l 16 ſ 8
à 24 l vient	2 l — ſ — d		à 80	6 l 13 ſ 4
à 25 l vient	2 l 1 ſ 8 d		à 90	7 l 10 ſ —
à 26 l vient	2 l 3 ſ 4 d		à 100	8 l 6 ſ 8
à 27 l vient	2 l 5 ſ — d		à 200	16 l 13 ſ 4
à 28 l vient	2 l 6 ſ 8 d		à 300	25 l — ſ —
à 29 l vient	2 l 8 ſ 4 d		à 400	33 l 6 ſ 8
à 30 l vient	2 l 10 ſ — d		à 500	41 l 13 ſ 4

T

par jour	l	s	d
a 1 d. vient	1	10	5
a 2 d. vient	3	—	10
a 3 d. vient	4	11	3
a 4 d. vient	6	1	8
a 5 d. vient	7	12	1
a 6 d. vient	9	2	6
a 7 d. vient	10	12	11
a 8 d. vient	12	3	4
a 9 d. vient	13	13	9
a 10 d. vient	15	4	2
a 11 d. vient	16	14	7
a 1 s. vient	18	5	—
a 2 s. vient	36	10	
a 3 s. vient	54	15	
a 4 s. vient	73	—	
a 5 s. vient	91	5	
a 6 s. vient	109	10	
a 7 s. vient	127	15	
a 8 s. vient	146	—	
a 9 s. vient	164	5	
a 10 s. vient	182	10	
a 11 s. vient	200	15	
a 12 s. vient	219	—	
a 13 s. vient	237	5	
a 14 s. vient	255	10	
a 15 s. vient	273	15	
a 16 s. vient	292	—	
a 17 s. vient	310	5	
a 18 s. vient	328	10	
a 19 s. vient	346	15	

par jour	l'année
a 1 l vient	365
a 2 l vient	730
a 3 l v	1095
a 4 l v	1460
a 5 l v	1825
a 6 l v	2190
a 7 l v	2555
a 8 l v	2920
a 9 l v	3285
a 10 l v	3650
a 11 l v	4015
a 12 l v	4380
a 13 l v	4745
a 14 l v	5110
a 15 l v	5475
a 16 l v	5840
a 17 l v	6205
a 18 l v	6570
a 19 l v	6935
a 20 l v	7300
a 21 l	7665
a 22 l v	8030
a 23 l v	8395
a 24 l v	8760
a 25 l v	9125
a 26 l v	9490
a 27 l v	9855
a 28 l v	10220
a 29 l v	10585
a 30 l v	10950

a 31 l vient 11315 l	a 46 l vient 16790 l
a 32 l vient 11680 l	a 47 l vient 17155 l
a 33 l vient 12045 l	a 48 l vient 17520 l
a 34 l vient 12410 l	a 49 l vient 17885 l
a 35 l vient 12775 l	a 50 l vient 18250 l
a 36 l vient 13140 l	a 51 l vient 18615 l
a 37 l vient 13505 l	a 52 l vient 18980 l
a 38 l vient 13870 l	a 53 l vient 19345 l
a 39 l vient 14235 l	a 54 l vient 19710 l
a 40 l vient 14600 l	a 55 l vient 20075 l
a 41 l vient 14965 l	a 56 l vient 20440 l
a 42 l vient 15330 l	a 57 l vient 20805 l
a 43 l vient 15695 l	a 58 l vient 21170 l
a 44 l vient 16060 l	a 59 l vient 21535 l
a 45 l vient 16425 l	a 60 l vient 21900 l

Un particulier gagnent ou dépence 15. f. 6. d. par jour, pour sçavoir à combien vient par année, voyez en premier lieu cy-contre à la ligne où est à 15. f. vous y trouverez au bout d'icelle 273. l. 15. f. & au bout de la ligne où est à 6. d. vous y trouverez qu'il vient 9. l. 2. f. 6. d. ajoûtez ces deux parties ensemble, vous y trouvererez qu'il vient par année 282. l. 17. f. 6. d.

A 310. l. 5. f. par année combien vient par jour, pour le sçavoir cherchez au dedans des colomnes jusques à ce que vous ayez trouvé le nôbre le plus pres de 310. l. 5. f. l'ayant trouvé au juste, vous voyez à costé qu'il vient à 17. f. par jour.

T **

A tant le quintal ou le cent semblé, revient
la livre ou la pieçe.

a 4 ſ. 2 d.— le cent la livre reviét a— d. ½
a 5 ſ.— d.— le cent la L. revient a— d. ½
a 8 ſ. 4 d.— le cent la L. revient a 1.d —
a10 ſ.— d.— le cent la L. revient a 1.d ½
a15 ſ.— d.— le cent la L. revient à 1.d ½
a16 ſ. 8 d.— le cent la L. revient a 2.d
a25 ſ.— d.— le cent la L. revient a 3.d
a33 ſ. 4 d.— le cent la L. revient a— 4.d
a41 ſ. 8 d.— le cent la L. revient a— 5.d
a50 ſ.— d.— le cent la L. revient a— 6.d
a58 ſ. 4 d.— le cent la L. revient a— 7.d
a 3 l. 6 ſ.8.d le cent la L. revient a— 8.d
a 3 l.15 ſ.—. le cent la L. reviét a— 9.d
a 4 l. 3 ſ.4.d le cent la L. reviét a— 10.d
a 4 l.11 ſ.8.d le cent la L. reviét a— 11.d
a 5 l.— ſ.— le cent la L. reviét a 1.ſ.—
a 6 l. 5 ſ.— le cent la L. reviét a 1.ſ. 3
a 7 l.10 ſ.— le cent la L. reviét a 1.ſ 6
a 8 l.15 ſ.— le cent la L. reviét a 1.ſ. 9
a10 l.— ſ.— le cent la L. reviét a 2.ſ.—
a11 l. 5 ſ.— le cent la L. reviét a 2.ſ. 3
a12 l.10 ſ.— le cent la L. reviét à 2.ſ. 6
a13 l.15 ſ.— le cent la L. rev. a 2.ſ. 9
a15 l.— ſ.— le cent la L. rev. a 3.ſ.
a16 l. 5 ſ.— le cent la L. rev. a 3.ſ. 3
a17 l.10 ſ.— le cent la L. rev. a 3.ſ. 6
a18 l.15 ſ.— le cent la L. rev. a 3.ſ. 9
a20 l.— ſ.— le cent la L. rev. à 4.ſ.—
a21 l. 5 ſ.— le cent la L. rev. a 4.ſ. 3

A tant le quintal ou le cent combien revient la livre ou la piece.

a 22 l 10 ſ. le cent la livre viét a   4 ſ. 6 d
a 23 l 15 ſ. le cent la L. vient a   4 ſ. 9 d
a 25 l — ſ. le cent la L. vient a   5 ſ. — d
a 26 l 5 ſ. le cent la L. vient a   5 ſ. 3 d
a 27 l 10 ſ. le cent la L. vient a   5 ſ. 6 d
a 28 l 15 ſ. le cent la L. vieut a   5 ſ. 9 d
a 30 l — ſ. le cent la L. vient a   6 ſ. — d
a 31 l 5 ſ. le cent la L. vient a   6 ſ. 3 d
a 32 l 10 ſ. le cent la L. vient a   6 ſ. 6 d
a 33 l 15 ſ. le cent la L. vient a   6 ſ. 9 d
a 35 l — ſ. le cent la L. vient a   7 ſ. — d
a 36 l 5 ſ. le cent la L. vient a   7 ſ. 3 d
a 37 l 10 ſ. le cent la L. vient a   7 ſ. 6 d
a 38 l 15 ſ. le cent la L. vient a   7 ſ. 9 d
a 40 l — ſ. le cent la L. vient a   8 ſ. — d
a 45 l — ſ. le cent la L. vient a   9 ſ. — d
a 50 l — ſ. le cent la L. vient a   10 ſ. — d
a 55 l — ſ. le cent la L. vient a   11 ſ. — d
a 60 l — ſ. le cent la L. vient a   12 ſ. — d
a 65 l — ſ. le cent la L. vient a   13 ſ. — d
a 70 l — ſ. le cent la L. vient a   14 ſ. — d
a 75 l — ſ. le cent la L. vient a   15 ſ. — d
a 80 l — ſ. le cent la L. vient a   16 ſ. — d
a 85 l — ſ. le cent la L. vient a   17 ſ. — d
a 90 l — ſ. le cent la L. vient a   18 ſ. — d
a 95 l — ſ. le cent la L. vient a   19 ſ. — d
a 100 l — ſ. le cent la L. vient a   20 ſ. — d

Reduction des canes de 8. pans en aunes de France.

1 cane vaut	1 aune 2. tiers.
2 canes valent	3 aunes 1. tier.
3 canes valent	5 aunes.
4 canes valent	6 aunes 2. tiers.
5 canes valent	8 aunes 1. tier.
6 canes valent	10 aunes.
7 canes valent	11 aunes 2. tiers.
8 canes valent	13 aunes 1. tier.
9 canes valent	15 aunes.
10 canes valent	16 aunes 2. tiers.
11 canes valent	18 aunes 1. tier.
12 canes valent	20 aunes.
13 canes valent	21 aunes 2. tiers.
14 canes valent	23 aunes 1. tier.
15 canes valent	25 aunes.
16 canes valent	26 aunes 2. tiers.
17 canes valent	28 aunes 1. tier.
18 canes valent	30 aunes.
19 canes valent	31 aunes 2. tiers.
20 canes valent	33 aunes 1. tier.
30 canes valent	50 aunes.
40 canes valent	66 aunes 2. tiers.
50 canes valent	83 aunes 1. tier.
60 canes valent	100 aunes.
70 canes valent	116 aunes 2. tiers.
80 canes valent	133 aunes 1. tier.
90 canes valent	150 aunes.
100 canes valent	166 aunes 2. tiers.
6 pans valent	1 aune 1. quart
5 pans valent	1 aune 1. 24me
4 pans valent	aune 5. 6me
3 pans valent	aune 5. 8me
2 pans valent	aune 5. 12me
1 pans valent	aune 5. 24me

 1 aune vaut   cane 4. pans — 4. cinquième
 2 aunes valent 1. cane 1. pan   3. cinquième
 3 aunes valent 1. cane 6. pans   2. cinquième
 4 aunes valent 2. canes 3. pans 1. cinquième
 5 aunes valent 3. canes.
 6 aunes valent 3. canes 4. pans — 4. cinquième
 7 aunes valent 4. canes 1. pan   3. cinquième
 8 aunes valent 4. canes 6. pans 2. cinquième
 9 aunes valent 5. canes 3. pans 1. cinquième
10 aunes valent 6. canes.
11 aunes valent 6. canes 4. pans — 4. cinquième
12 aunes valent 7. canes 1. pan   3. cinquième
13 aunes valent 7. canes 6. pans 2. cinquième
14 aunes valent 8. canes 3. pans 1. cinquième
15 aunes valent 9. canes.
16 aunes valent 9. canes 4. pans — 4. cinquième
17 aunes valent 10. canes 1. pan   3. cinquième
18 aunes valent 10. canes 6. pans 2. cinquième
19 aunes valent 11. canes 3. pans 1. cinquième
20 aunes valent 12. canes.
30 aunes valent 18. canes.
40 aunes valent 24. canes.
50 aunes valent 30. canes.
60 aunes valent 36. canes.
70 aunes valent 42. canes.
80 aunes valent 48. canes.
90 aunes valent 54. canes.
100 aunes valent 60. canes.
3 quarts d'aune valent 3. pans ——— 3. cinquièmes
demy aune vaut ——— 2. pans ——— 2. cinquièmes
un quart d'aune vaut — 1. pan ——— 1. cinquième
2. tiers d'aune valent 3. pans ——— 1. cinquième
1. tier d'aune vaut — 1. pan ——— 3. cinquièmes
1. sixième d'aune vaut — pan ——— 4. cinquièmes

Prix du millier		La piece revient à
a 2 l	1.ſ.8 d. le millier, la piece revient à	demy d
a 4 l	3.ſ.4.d. le millier, la piece revient à	1 d
a 8 l	6.ſ.8.d. le millier, la piece revient à	2 d
a 12 l	10.ſ. le millier la piece revient à	3 d
a 16 l	13.ſ.4.d. le millier, la piece revient à	4 d
a 20 l	16.ſ.8.d. le millier, la piece revient à	5 d
a 25 l	le millier la piece revient à	6 d
a 29 l	3.ſ.4.d. le millier la piece revient à	7 d
a 33 l	6.ſ.8.d. le millier la piece revient à	8 d
a 37 l	10.ſ. le millier la piece revient à	9 d
a 41 l	13.ſ.4.d. le millier la piece revient à	10 d
a 45 l	16.ſ.8.d. le millier la piece revient à	11 d
a 50 l	——— le millier la piece revient à	1 ſ
a 54 l	3.ſ.4.d. le millier la piece revient à	1 ſ 1 d
a 58 l	6.ſ.8.d. le millier la piece revient à	1 ſ 2 d
a 62 l	10.ſ. le millier la piece revient à	1 ſ 3 d

Pour ſe ſervir de la table cy deſſus ſuivant les prix du millier à combien revient la piece, meſme de quel nombre que ce ſoit, il faut premierement convenir du prix comme par exemple

à 12.l.10.ſ. le millier, la piece revient à 3. d

pour ſçavoir à combien revient *le cent le, demy cent, le quarteron ou autre nombre.*

Voyez le feuillet à 3. d. marchandiſes vous y trouverez que le cent revient à 25.ſ

le demy cent à 12.ſ.6.d

le quarteron à 6.ſ.3.d

& ainſi vous pouvez faire de meſme ſachant ce que revient la piece à raiſon de tant le millier.

F I N.